Nicole Peters

Möglichkeiten der tiergestützten Intervention

Wie Tiere verhaltensauffälligen Kindern und Jugendlichen helfen können

Bibliografische Information der Deutschen Nationalbibliothek:

Die Deutsche Nationalbibliothek verzeichnet diese Publikation in der Deutschen Nationalbibliografie; detaillierte bibliografische Daten sind im Internet über http://dnb.d-nb.de abrufbar.

Impressum:

Copyright © Science Factory 2021

Ein Imprint der GRIN Publishing GmbH, München

Druck und Bindung: Books on Demand GmbH, Norderstedt, Germany

Covergestaltung: GRIN Publishing GmbH

Inhaltsverzeichnis

1 Einleitung 1

2 Entstehung Tiergestützter Intervention 3

3 Formen Tiergestützter Intervention 5
   3.1 Tiergestützte Aktivität (TGA) 5
   3.2 Tiergestützte Therapie (TG T) 5
   3.3 Tiergestützte Förderung (TG F) 6
   3.4 Tiergestützte Pädagogik (TG P) 7

4 Verhaltensauffälligkeiten 8
   4.1 Definition 8
   4.2 Entstehung und Verursachung von Verhaltensauffälligkeiten 12
   4.3 Folgen und Probleme im Alltag 15

5 Mensch und Tier 17
   5.1 Mensch - Tier Kommunikation 17
   5.2 Mensch-Tier-Beziehung 22
   5.3 Kind-Tier-Beziehung 23
   5.4 Wirkung der Tiere 26

6 Tiere als Begleiter 31
   6.1 Klein- und Heimtiere 31
   6.2 Großtiere 33
   6.3 Phobien in der tiergestützten Arbeit 34

7	Mögliche Einsatzfelder der Tiergestützten Intervention	35
	7.1 Offene Kinder- und Jugendarbeit	35
	7.2 Aufsuchende Jugendarbeit / Streetwork	36
	7.3 Jugendsozialarbeit an Schulen	36
	7.4 Kindertagesbetreuung	37
	7.5 Einrichtungen der Kinder- und Jugendhilfe	38
8	Tiere in der Arbeit mit verhaltensauffälligen Kindern	40
	8.1 Green Chimneys –ein Vorbild für Tiergestützte Therapie mit Kindern und Jugendlichen	43
	8.2 Fünf Eckpfeiler der Therapie in Green Chimneys	44
	8.3 Ziele Tiergestützter Arbeit mit verhaltensauffälligen Kindern	45
9	Kritische Aspekte	48
	9.1 Hygiene	48
	9.2 Begriffsdefinition Tiergestützte Intervention	49
	9.3 Ausbildung	49
	9.4 Tierschutz	49
10	Fazit	50
11	Literaturverzeichnis	54
	Quellen aus dem Internet	57

1 Einleitung

Verhaltensauffälligkeiten gehören zu den am häufigsten diagnostizierten Problemen bei Kindern.[1] Vor allem externalisierende Auffälligkeiten mit den Schlagworten Hyperaktivität, Aufmerksamkeitsstörung, ADHS usw. werden daher in unzähligen Eltern- und Erziehungsratgebern behandelt. Auch internalisierende Auffälligkeiten wie sozialer Rückzug, emotionale Probleme und Ängste sind relativ häufigIn der internationalen Fachliteratur werden diese Themen daher ausführlich behandelt und erforscht. Man ist sich einig, dass frühe Diagnostik und Intervention für einen günstigen Entwicklungsverlauf von Bedeutung sind.[2] Ebenso wird von dem positiven Einfluss von Tieren auf die körperliche und emotionale Entwicklung von Kindern berichtet. Ein Kind, das mit einem lebendigen Tier aufwachsen darf, entwickelt eine komplett andere Einstellung zu sich und seiner Umwelt.[3]

Das Ziel dieser Bachelorarbeit ist es, anhand von Literaturrecherche, die Tiergestützte Intervention mit all ihren Möglichkeiten zu erforschen und die auftretenden Grenzen zu analysieren. Es ist zu erforschen inwieweit, für die Verhaltensauffälligen Kinder und Jugendlichen Chancen aus der Tiergestützten Intervention resultieren und inwiefern sie die erlernten Dinge in ihren Alltag transferieren können und ob diese Transferfähigkeit Abhilfe bzw. Milderung bei Ihren alltäglichen Problematiken schafft. Anhand der Ergebnisse sollen, folgende Forschungsfragen beantwortet werden können:

Mit welchen Problemen verhaltensauffällige Kinder und Jugendliche zu kämpfen haben?; Welche Chancen aus der Tiergestützten Intervention für die Kinder und Jugendlichen resultieren?. Ebenso soll untersucht werden: Welche Grenzen in der Arbeit mit verhaltensauffälligen Kindern und Jugendlichen bei der Tiergestützten Intervention auftreten können?

Es wird erwartet, dass die Ergebnisse der Forschung zeigen, dass Tiergestützte Intervention trotz der auftretenden Grenzen in der Arbeit, den verhaltensauffälligen Kindern hilft, die Problematiken in ihrem Alltag zu reduzieren.

---

[1] Vgl. Tröster H. & Reineke D.: Prävalenz von Verhaltens- und Entwicklungsauffälligkeiten im Kindergartenalter. Kindheit und Entwicklung 16 (3), Göttingen: Hogrefe Verlag, 2007, 171-179.

[2] Vgl. Hartmann B., Mutzeck W. & Fingerle M.: Die Prävalenz von Verhaltensauffälligkeiten. In Sonderpädagogik, 33 (4), 2003, 191-197.

[3] Vgl. Prothmann Anke.: Tiergestützte Kinderpsychotherapie. Theorie und Praxis der tiergestützten Psychotherapie bei Kindern und Jugendlichen., Frankfurt am Main: Internationaler Verlag der Wissenschaften, 2008.

Einleitung

Die folgende Bachelorarbeit beginnt in Kapitel 2 mit einer geschichtlichen Einführung zur Entstehung der Tiergestützten Intervention. In Kapitel 3 werden anschließend die Formen der Tiergestützten Intervention erklärt. In Kapitel 4 werden Verhaltensauffälligkeiten näher definiert. Im weiteren wird in Kapitel 5 die Mensch-Tier-Kommunikation, Mensch-Tier- und Kind-Tier-Beziehung näher betrachtet. Daraus resultierend wird die Wirkung von Tieren dargestellt. Nachfolgend wird in Kapitel 6 geklärt welche Tiere, aufgrund ihrer Eigenschaften, als Begleiter in Betracht kommen. In Kapitel 7 werden mögliche Einsatzfelder der Tiergestützten Interventionen aufgeführt. In Kapitel 8 werden Beispiele der Tiergestützten Intervention aufgelistet. Den Schluss bilden die Kritische Aspekte und Grenzen in Kapitel 9, die in der Tiergestützten Intervention auftreten und beachtet werden müssen. Im letzten Kapitel werden die wichtigsten Erkenntnisse dieser Bachelorarbeit zusammengefasst sowie die Fragestellungen dieser Arbeit beantwortet.

Ich möchte darauf hinweisen, dass sich alle allgemeinen nicht personenspezifischen Aussagen auf Angehörige beider Geschlechter beziehen. Aus Gründen der besseren Lesbarkeit wurde darauf verzichtet die weibliche und die männliche Sprachform nebeneinander aufzuführen. Daher gelten allgemeine, in der weiblichen Sprachform getroffene Aussagen auch für Männer und allgemeine, in der männlichen Sprachform gemachte Aussagen genauso für Frauen.

2 Entstehung Tiergestützter Intervention

Die Tiergestützte Intervention begann ihre Geschichte in den 1970er Jahren in Oregon / USA. Die „Delta Society„ eine Gesellschaft zur Erforschung der Mensch-Tier Beziehung, erarbeitet erstmalig rahmengebende Richtlinien zum Einsatz von Tieren im Sozial-und Gesundheitswesen. Die Richtlinien wurden 1996 veröffentlicht und dienen seitdem internationalen Organisationen wie International Society for Animal Assisted Therapie (ISAAT) und European Society for Animal Assisted Therapie (ESAAT) als Rahmen und Vorbild.

Es ist keine neue Erkenntnis, dass Tiere die Entwicklung eines Menschen und dessen Wohlbefinden positiv beeinflussen. Bereits im 8.Jahrhundert wurden Tiere in Belgien bewusst für therapeutische Zwecke eingesetzt.

Im Jahr 1972 wurde in England eine Einrichtung für Geisteskranke,dass ''York Retreat'' gegründet.

Im 19. Jahrhundert wurde in der deutschen Anstalt Bethel ein Zentrum für behinderte Menschen und Anfallskranke erbaut. Dieses Zentrum setzte von Anfang an auf die Wirkung von Tieren.

Mitte des 20. Jahrhunderts wurden in New York erstmals Tiere in einem Krankenhaus eingesetzt. Die meisten Versuche der tiergestützten Arbeit wurden jedoch weder dokumentiert noch evaluiert, sodass sie für die wissenschaftliche Forschung wenig hilfreich waren.

Im Jahr 1944 veröffentlichte James Bossard einen Artikel über die positiven Effekte und den therapeutischen Wert eines HundesDie Veröffentlichung des amerikanischen Kinderpsychotherapeuten Boris Levinson ''The dog as a Co-Therapist (1962)'', ''Pet oriented Child Psychiatry (1969)'' und ''Pets, child development and mental illness (1970)'' überzeugte schließlich auch Wissenschaftler, die positiven Wirkeffekte Tiergestützter Intervention wahrzunehmen und näher zu erforschen.

Ab den 1970er Jahren bildeten sich in zahlreichen Ländern Vereine und Gesellschaften, die sich mit diesem neuen Wissenschaftszweig beschäftigten. Im folgenden Abschnitt werden die wichtigsten Vereine und Gesellschaften aufgeführt.

1977 wurde in Oregon, USA unter der Leitung McCullochs die Stiftung ''The Delta Society'' gegründet. Diese Stiftung spielt heute noch eine maßgebliche Rolle in der wissenschaftlichen Erforschung, sowie in der praktischen Umsetzung ''Tiergestützter Intervention'' und den damit verbundenen Richtlinien.

1977 wurde das "Institut für interdisziplinäre Erforschung der Mensch-Tier-Beziehung" in Österreich gegründet und 1990 auf die Schweiz ausgeweitet.

1977 gründete man in Frankreich "As sociation Francaise d'Information et de Recherche sur l'Animal de Compagnie".

Die "Society for Companion Animal Studies" wurde 1979 in Großbritannien gegründet.

1988 wurde der "Forschungskreis Heimtiere in der Gesellschaft" in Deutschland gegründet. Er beschäftigt sich insbesondere mit den sozialen Beziehungen zwischen Menschen und Heimtieren.

1990 wurde die "Internationale Association of Human-Animal-Interaction-organisations" gegründet. Dies ist der Internationale Dachverband für die Erforschung der Mensch-Tier-Beziehung und umfasst alle nationalen Vereinigungen und andere Organisationen, die sich mit der Erforschung der Mensch-Tier-Beziehung beschäftigen.[4]

---

[4] Vgl. Vernooij Monika A./Schneider Silke: Handbuch der Tiergestützten Intervention, Wibelsheim: Quelle & Meyer Verlag, 2008, S. 26-28.

3 Formen Tiergestützter Intervention

Die „Delta Society" unterscheidet zwei Interventionsformen. Die Animal-Assisted Activities (AAA) und die Animal-Assisted Therapy (AAT), die in Punkt 3.1 und 3.2 näher erläutert werden.[5] Die Begrifflichkeiten sind im deutschsprachigen Raum nicht offiziell festgelegt. Im Zusammenhang mit Tiergestützter Intervention, finden sich folgende Bezeichnungen: [6]

3.1 Tiergestützte Aktivität (TGA)

„*AAA provides opportunities for motivational, educational, recreational, and/or therapeutic benefits to enhance qualitiy of life. AAA are deliverd in a variety of environments by specially trained professionals, paraprofessionals, and/or volunteers, in association with animals that meet specific criteria.*" Mit anderen Worten ausgedrückt: Animal-Assited Activities bieten Möglichkeiten der Unterstützung bezogen auf motivationale, erzieherische, rehabilitative und/oder therapeutische Prozesse um dadurch die Lebensqualität der Betroffenen zu verbessern; durchgeführt von mehr oder weniger qualifizierten Personen, assistiert von Tieren mit spezifischen Merkmalen.[7]

In Kurzfassung sind es Aktivitäten mit Tieren, die zur Steigerung des Wohlbefindens und der Lebensqualität der Klienten beitragen. Die Aktivitäten können von jedem angeboten werden, dem darauf vorbereitete Tiere zur Verfügung stehen.[8]

Im Gegensatz zu einem therapeutischen Ansatz ist die Vorgehensweise nicht auf eine bestimmte Person oder medizinische Voraussetzungen zugeschnitten. Ebenso verfolgt sie keine konkreten Ziele.[9]

3.2 Tiergestützte Therapie (TG T)

Bei der Tiergestützten Therapie ist die Tiergestützte Intervention ein Bestandteil des therapeutischen Prozesses. Der Prozess verfolgt festgelegte Ziele und bedarf laufender Dokumentation. Die Tiergestützte Therapie kann nur von Fachkräften

---

[5] Vgl. Kirchpfening Martina: Hunde in der Sozialen Arbeit mit Kindern und Jugendlichen, München: Ernst Reinhardt Verlag, 2014, S.11-12.
[6] Vgl. Vernooij/Schneider, S.34.
[7] URL: www.deltasociety.org/AnimalsAAAAbout.htm, zitiert nach Vernooij/Schneider, S. 30.
[8] Vgl. Kirchpfening, S.11.
[9] Vgl. Vernooij/Schneider, S.31.

und Therapeuten angeboten werden, die ihre eigenen dafür geschulten Tiere besitzen.[10]

Die „Delta Society" definiert die Animal-Assisted Therapy in folgender Weise:

> „AAT is a goal-directed intervention in which an animal that meets specific criteria is an integral part of the treatment process. AAT is directed and/or deliverd by health/human service professionals with specialized expertise, and within the scope of practice of his/her profession. AAT is designed to promote improvement in human physical, social, emotional, and/or cognitive functioning. AAT ist provided in a variety of settings and may be group or individual in nature. This process is documented and evaluated."[11]

Diese Definition beinhaltet 3 wichtige Kriterien, die erfüllt sein müssen um den Einsatz als Tiergestützte Therapie bezeichnen zu können:

1.) Animal-Assisted Therapie ist immer zielgerichtet.

Der Begriff „Behandlung" unterscheidet die AAA von der AAT wesentlich. Bei lediglich unterstützenden Möglichkeiten ist von der Tiergestützten Aktivität zu sprechen.

2.) Animal-Assited Therapie ist ein integraler Bestandteil in der professionellen Arbeit der jeweiligen Fachkräfte.

Als Tiergestützte Therapie kann eine Intervention nur dann bezeichnet werden, wenn die Fachkraft, das Tier, in ihrem eigenen Fachgebiet einsetzt Bei abweichendem Einsatz ist von einer Tiergestützten Aktivität zu sprechen.

3.) Die Animal-Assisted Therapie muss dokumentiert sowie regelmäßig evaluiert werden.

Bei jedem Einsatz muss von der Fachkraft der Verlauf und der erreichte Fortschritt der Intervention schriftlich festgehalten werden.[12]

3.3 Tiergestützte Förderung (TG F)

Im allgemeinen Sprachgebrauch kann sich der Begriff „Förderung" sowohl auf die individuelle, als auch auf die materielle-ökonomische Entwicklung eines Menschen beziehen. Unter Tiergestützter Förderung sind Interventionen im Zusammenhang

---

[10] Vgl. Kirchpfening, S.11.
[11] URL: www.deltasociety.org/AnimalsAAAAbout.htm, zitiert nach Vernooij/Schneider, S. 31.
[12] Vgl. Vernooij/Schneider, S.32.

mit Tieren zu verstehen, welche auf einem individuellen Förderplan basieren. Vorhandene Ressourcen sollen gestärkt und unzulänglich ausgebildete Fähigkeiten ausgebaut werden. Durchgeführt werden können diese Förderungen von qualifizierten Experten im (Sonder-)pädagogischen Bereich unter Einbezug eines Tieres, welches für den Einsatz ausgebildet wurde. Ziel der Tiergestützten Förderung ist die Unterstützung von Entwicklungsfortschritten.[13]

3.4 Tiergestützte Pädagogik (TG P)

Unter Tiergestützter Pädagogik werden Interventionen im Zusammenhang mit Tieren subsumiert, welche auf der Basis konkreter klienten-/kinderorientierter Zielvorgaben Lernprozesse initiieren, durch die schwerpunktmäßig die emotionale und die soziale Kompetenz des Kindes verbessert werden soll. Durchgeführt werden diese von Experten im (Sonder-)pädagogischen Bereich unter dem Einbezug von einem Tier, das für den Einsatz trainiert wurde. Ziel der Tiergestützten Pädagogik ist die Impulsgabe und Unterstützung von sozialen- und emotionalen Lernprozessen.[14]

---

[13] Vgl. Vernooij/Schneider, S.36/37.
[14] Vgl. Vernooij/Schneider, S.41.

4 Verhaltensauffälligkeiten

In der heutigen Gesellschaft wird immer weniger Orientierung im Erziehungsprozess geboten. Sozialstrukturen sind unklar und das Feedback auf gezeigtes Verhalten erfolgt nicht eindeutig. Überforderung, Unsicherheit und Frustration gehören zur Tagesordnung. Diese Faktoren münden meist in Depression, sozialer Ängstlichkeit oder impulsiver Aggression. Dies sind nur ein Teil der „Störungen im Sozialverhalten,, , die sich bei Kindern und Jugendlichen zusehends verbreiten und damit ein ernsthaftes Problem für unsere Gesellschaft darstellen.[15]

4.1 Definition

Die Begriffe „Verhaltensauffälligkeit,, und „Verhaltensstörung,, bedeuten, dass ein Kind oder Jugendlicher auffällig wird, sich also entgegen den geltenden Normen in der Gesellschaft verhält. Nach Klaus Fitting sind die Kinder und Jugendlichen verhaltensauffällig, „deren Verhalten uns auffällig und unseren Erwartungen oft gegenläufig erscheint``.[16]

Vernooij formuliert wie folgt:

> „Unter Verhaltensstörung wird ein Verhalten verstanden, welches von den formellen Normen einer Gesellschaft und/oder von den informellen Normen innerhalb einer Gruppe nicht nur einmalig und in schwerwiegendem Ausmaß abweicht. Dabei gelten sowohl die Untererfüllung der Norm als auch die Übererfüllung als Abweichung. In der Regel werden Verhaltensstörungen von Autoritäten, von pädagogisch-psychologisch-medizinischen Beurteilungsinstanzen (Eltern, Erzieher, Lehrer, Ärzte) festgestellt.."[17]

Verhaltensauffälligkeit ist ein soziales Konstrukt und kann nur im Zusammenhang mit sozialen Gruppen- oder Individualnormen betrachtet werden. Eine Verhaltensauffälligkeit wird anhand der Stärke, Anzahl der Symptome, Dauer der Symptomatik, der psychosozialen Beeinträchtigungen und Leistungsbeeinträchtigungen definiert. Man unterscheidet zwischen den Polaritäten unauffällig/normal und

---

[15] Vgl. Putsch Angelika: Spurwechsel mit Hund, Nerdlen/Daun: Kynos-Verlag, 2013, S.20.
[16] Vgl. Fitting Klaus/Saßenrath-Döpke Eva-Maria(Hrsg.): Pädagogik und Auffälligkeit. Impulse für Lehren und Lernen bei erwartungswidrigen Verhalten, Weinheim: Deutscher Studien Verlag, 1993, S.91.
[17] Vernooij Monika A.: Verhaltensstörungen in: Borchert Johann: Handbuch für Sonderpädagogische Psychologie, Göttingen/ Bern / Toronto/ Seattle: Hogrefe, 2000, S.33.

auffällig/"gestört„. Es ist schwer eine klare Grenze zwischen verhaltensauffällig und verhaltensunauffällig zu ziehen.[18]

Fröhlich-Gildhoff unterscheidet drei Gruppen von Verhaltensauffälligkeiten: Internalisierende Auffälligkeiten, externalisierende Auffälligkeiten und komplexe Auffälligkeiten, die im folgenden genauer definiert werden.[19]

4.1.1 Internalisierende Auffälligkeiten

Die Bindungsbedürfnisse von betroffenen Kindern werden oft nicht feinfühlig genug beantwortet, wodurch sich ein negatives Selbstwertgefühl, geringe Selbstsicherheit, ein dysfunktionales Wahrnehmungs-und Bewertungsmuster, geringe Stressbewältigungskomponenten und keine autonome Erregungssteuerung ergeben.

Der erste Punkt, der unter diese Auffälligkeiten fällt, ist die Angststörung. Dauer und Intensität von Ängsten sind ausschlaggebend für die Einstufung als anomale Ängste. Sobald Ängste unrealistisch und übertrieben sind, sowie über einen längeren Zeitraum anhalten, werden sie kritisch. Angststörungen äußern sich in Ruhelosigkeit, Muskelverspannungen, Nervosität, Müdigkeit und dem Unvermögen sich zu entspannen. Diese Ängste führen zu einer deutlichen Beeinträchtigung und gefährden die normale Entwicklung eines Kindes. Weitere mögliche Symptome sind Erschöpfung oder Anstrengung sowie Konzentrationsprobleme, Reizbarkeit sowie Schlafstörungen.

Essstörungen wie Anorexie und Bulimie gehören ebenfalls zu den internalisierenden Auffälligkeiten. Anorexie, auch "Magersucht„ genannt, äußert sich in ständigem Gewichtsverlust sowie starken Untergewicht, das durch die Verweigerung der Nahrungsaufnahme herbeigeführt wird. Bei Bulimie kommt es zu Fressattacken mit Gegenregulationen, wie zum Beispiel Erbrechen. Personen, die von Bulimie betroffen sind, bestimmen über den eigenen Körper und haben aufgrund von Zwängen das Gefühl, Kontrolle auszuüben. Das Schlankheitsbild der Gesellschaft gilt für viele Betroffene als Vorbild und ist somit oft Auslöser für die Störung. Die Körperwahrnehmung hat dabei einen bedeutenden Einfluss auf das Selbstbild.

Bei Depressionen herrscht meist eine traurige, niedergedrückte, unglückliche, reizbare Stimmung. Die betroffene Person hat oft negative Gedanken, eine geringe

---

[18] Vgl. Fröhlich-Gildhoff Klaus: Verhaltensauffälligkeiten bei Kindern und Jugendlichen. Ursachen, Erscheinungsformen und Antworten, Stuttgart: Kohlhammer, 2007, S.17.
[19] Ebd., S.27/28.

Kontrollerwartung und ein geringes Selbstwertgefühl. Die Person schreibt sich für vieles die Schuld zu, ist Interessenlos und hat Konzentrationsschwierigkeiten. Es kann zu suizidalen Gedanken kommen. Die Person hat dementsprechend wenig Antrieb und ist psychomotorisch verlangsamt oder erregt. Sie weint viel und zieht sich sozial zurück. Zu den körperlichen Merkmalen gehören Schlafstörungen, Müdigkeit und verminderter/ gesteigerter Appetit.

Stark von internalisierenden Auffälligkeiten betroffene Kindern äußern oftmals den Wunsch allein zu sein, sind verschlossen und schüchtern, weigern sich zu sprechen, sind selten aktiv und häufig traurig gestimmt. Die Kinder ziehen sich sozial zurück. Als körperliche Beschwerden machen sich Symptome wie Schwindel, Müdigkeit, Schmerzzustände und Erbrechen bemerkbar.

4.1.2 Externalisierende Auffälligkeiten

Die meist diskutierteste Verhaltensauffälligkeit von Kindern ist heutzutage das Aufmerksamkeitsdefizit-(Hyperaktivitäts)-Syndrom, kurz AD(H)s genannt.

Kindern mit diesem Syndrom fällt es schwer das eigene Verhalten zu kontrollieren. Sie sind sehr ungeduldig. leicht ablenkbar, unaufmerksam, über- und hyperaktiv. Durch den Konzentrationsmangel folgt meist ein ausbleibender Lernerfolg, der wiederum zu einem schlechten Selbstwertgefühl führt, welche die Motivation senkt. AD(H)S äußert sich in motorischer Unruhe, Impulsivität, gestörter Feinmotorik und einem auffallend störendem Sozialverhalten. Das Syndrom ist meist eine genetisch bedingte Störung der Selbstkontrolle. Allerdings kann durch überstimulierendes und eindringliches Verhalten sowie durch Beziehungsprobleme und mangelnde Unterstützung der Bezugsperson AD(H)S intensiviert werden. Die betroffenen Kinder benötigen Regelmäßigkeit, Bindungssicherheit und Klarheit. Sie brauchen Grenzen und Orientierung, sowie Unterstützung beim Aufbau von Selbstregulationsfähigkeiten.

Symptome von Gewalt und Delinquenz[20] sind ein deutliches Maß an ungehorsam, streiten oder tyrannisieren. Solche Auffälligkeiten bringen meist ungewöhnlich häufige und schwere Wutausbrüche, Grausamkeiten gegenüber anderen Menschen

---

[20] Anm.: Delinquenz ist die Neigung, vornehmlich rechtliche Grenzen zu überschreitet, staffällig zu werden.

oder Tieren und erhebliche Destruktivität[21] gegen Eigentum mit sich. Anzeichen für eine Krankheit zeigen sich durch dissoziales Verhalten.

Dissoziales Verhalten äußert sich meist in Form von lügen, stehlen, zündeln und Schule schwänzen. Es kommen jedoch auch Verhaltensweisen hinzu, die häufig in Verbindung mit Dissozialität[22] auftreten, wie zum Beispiel der Drang eines Kindes, seine Zeit mit Älteren zu verbringen. Ausgelöst wird dieses meist durch ein geringes Selbstwertgefühl.

Unter aggressivem Verhalten versteht man verbal- und körperlich-aggressive Verhaltensweisen sowie Verhaltensweisen, die häufig in Verbindung mit aggressivem Verhalten auftreten, wie beispielsweise lautes Reden, übermäßig viel reden und den Clown spielen.

4.1.3 Komplexe Auffälligkeiten

Die Probleme der Komplexen Auffälligkeiten sind in drei Kategorien unterteilt. Soziale Probleme, schizoide und zwanghafte Probleme sowie Aufmerksamkeitsprobleme. Soziale Probleme beschreiben die Ablehnung der Betroffenen durch Gleichaltrige sowie ein unreifes und von Erwachsenen abhängiges Sozialverhalten. Als schizoid und zwanghaft werden jene Probleme klassifiziert, die zu zwanghaftem Denken und Handeln führen. Betroffene weisen psychotisch anmutende Verhaltensweisen, wie Halluzinationen und eigenartiges, bizarres Denken sowie Verhalten auf. In die Kategorie der Aufmerksamkeitsprobleme fallen die Betroffenen, die sehr impulsiv sind, unter Konzentrationsstörungen und motorischer Unruhe leiden.

Borderline ist eine komplexe Auffälligkeit. Erkennbar ist sie anhand einer hohen Impulsivität, dem Mangel der Fähigkeit eigene Affekte zu regulieren und einer hohen Sensibilität gegenüber Situationen die Emotionen auslösen können. Die Betroffenen haben Fehlwahrnehmungen und Störungen in der Kommunikation. Ihre Beziehungsdynamik ist durch extreme Schwankungen von dem Wunsch nach intensiver Nähe und Abgrenzungsbedürfnissen gekennzeichnet. Das chronische Gefühl von Leere im Körper führt zu selbst verletzendem Verhalten. Für Kinder und Jugendliche mit dem Borderline-Syndrom sind der Aufbau einer sicheren Bindung

---

[21] Anm.: Destruktivität beschreibt die zerstörerische Eigenschaft von Dingen oder Sachlagen bzw. die zerstörerische Geisteshaltung oder Handlungsweise von Menschen.
[22] Anm.: Verhaltensweisen, die sich nicht in ein vorhandenes soziales Norm- und Wertesystem einordnen lassen.

oder einer festen Beziehung sowie korrigierende emotionale Erfahrungen besonders wichtig.

Durch Traumata, wie unvorhersehbare oder andauernde extreme belastende Situationen, die nicht durch eigene Fähigkeiten und Kompetenzen kompensiert werden können, entwickeln sich Traumafolgestörungen. Bedeutsam in der Arbeit mit den Betroffenen sind eine klare Führung, Struktur, die Schaffung eines sicheren Ortes sowie Beziehungsgestaltung.

Bei Drogenmissbrauch und Drogenabhängigkeit definiert sich die Therapie durch körperlichen Entzug und die Behandlung der psychischen Funktionsstörung. Grundlegend für die Therapie ist der Aufbau von Selbstwert, sozialer Kompetenzen und einer Entwicklungs- und Lebensperspektive.

4.2 Entstehung und Verursachung von Verhaltensauffälligkeiten

Verhaltensstörungen sind immer auf eine Kombination aus verschiedenen Faktoren zurückzuführen. Nach Msychker sind monokausale Erklärungen für die Ursache von Verhaltensauffälligkeiten nicht möglich. Er findet, dass man auf das „biosoziale-interaktionale Erklärungssystem„ zurückgreifen sollte, das Risikofaktoren und deren mögliches zusammenwirken, mögliche Symptome beziehungsweise Symptomverbindungen aufzeigt.[23]

4.2.1 Der biophysiche Aspekt

Der biophysiche Aspekt untersucht die biologischen Anlagen beziehungsweise die Entwicklungsbedingungen. Der medizinische und der human ethologische Aspekt gehören ebenso dazu.

Unter dem medizinischen Aspekt fallen beispielsweise Verhaltensstörungen im Zusammenhang mit Hirnschädigungen, zentralen Funktionsstörungen oder Allergien. Biophysich gesehen ist das Nervensystem zusammen mit dem Gehirn, dem Rückenmark und den einzelnen Nerven bestimmend für das Denken, Fühlen und Wollen sowie für das Erleben und das Verhalten des Menschen. Unter dem medizinischen Aspekt sind Verhaltensstörungen oft mit Erkrankungen, Schädigungen oder Funktionsstörungen dieses Systems verbunden.[24]

---

[23] Vgl. Msychker Norbert: Verhaltensstörungen bei Kindern und Jugendlichen. Erscheinungsformen, Ursachen, Hilfreiche Maßnahmen, Stuttgart: Kohlhammer, 1993, S.91.
[24] Vgl. Ebd., S.92.

Bei den medizinisch relevanten Schädigungs- oder Störungsmöglichkeiten unterscheidet man zwischen pränatal (Zeitraum vor der Geburt), subnatal (Zeitraum kurz vor, während und kurz nach der Geburt) und postnatal (Zeitraum nach der Geburt). Pränatal können männliche und weibliche Geschlechtszellen zum Beispiel durch Gifte, Krankheiten und Strahlungen geschädigt werden. Dies hat zur Folge, dass das Kind später intrauterine Entwicklungsstörungen bekommt.[25]

Virusinfektionen der Mutter wie Röteln oder Masern, Stoffwechselerkrankungen, Sauerstoffmangel infolge von Herz- und Lungenkrankheiten, Einwirkungen über Medikamente oder Röntgenstrahlen sind Ursachen für Embryopathien, die bis zum dritten Schwangerschaftsmonat auftreten.

Ursächlich für Fetopathien sind mütterliche Virusinfektionen wie Herpes, Poliomyeltis, Windpocken sowie Bakteriumsinfektionen wie Syphilis, Tuberkulose und durch Tiere übertragene Infektionen wie Milzbrand, Toxoplasmose und Resusfaktorunverträglichkeit.[26]

Der „subnatale„ Zeitraum beschränkt sich auf ca. eine Woche vor, während und nach der Geburt. Auf Einwirkungen in diesem Zeitraum sind Beschädigungen, Beeinträchtigungen und Störungen des Nervensystems zurückzuführen. Mit diesen hängen die meisten organisch bedingten Verhaltensstörungen zusammen. Verhaltensauffälligkeiten können beispielsweise auch durch Drüsenstörungen organisch bedingt sein. Betroffene zeigen dabei ähnliche Symptome wie bei hirnorganischen Schädigungen/ Störungen.[27]

Der human ethologische Aspekt untersucht Verhalten biologisch, da das Verhalten des Menschen auch biophysisch und phylogenetisch mitbestimmt wird. Der Mensch wird als Resultat einer stammesgeschichtlichen und kulturellen Reihe angesehen bei dem verschiedene Verhaltensweisen angeboren sind.

> „Unter human ethologischem Aspekt erscheinen einige Verhaltensschwierigkeiten von Kindern und Jugendlichen als Resultat der Nichtbeachtung human ethologischer Einsichten."[28]

---

[25] Vgl. Ebd., S.102/103.
[26] Vgl. Msychker, S.103/104.
[27] Vgl. Ebd., S.104.
[28] Ebd., S.106.

4.2.2 Der psychologische Aspekt

Der psychologische Aspekt bezieht sich auf die unterschiedlichen Einflüsse des nahen Umfelds, insbesondere auf die Eltern-Kind-Beziehung. Der Aspekt untersucht, inwiefern Verhaltensauffälligkeiten auf die Erziehung zurückzuführen sind. Das Erziehungsverhalten der Bezugsperson hat für Kinder eine entscheidende Bedeutung. Ursächlich für Verhaltensauffälligkeiten sind nach diesem Aspekt gesehen, das elterliche Versagen in der Erziehung. Da der Mensch, dazu neigt, auf erlernte Verhaltensmuster zurückzugreifen, liegt es nahe das dies meist über Generationen fortbesteht.

Ein inkonsequenter (inegaler) Erziehungsstil mit wechselnden Erziehungspraktiken kann zur Folge haben, dass das Kind keine Erwartungen entwickeln kann. Es reagiert mit Unsicherheit, Angst und Nervosität und versucht es allen recht zu machen oder die Erzieher gegeneinander aus zuspielen. Aufgrund von Zurückweisungen ist es einem Kind nicht möglich Urvertrauen zu entwickeln und betrachtet seine Umwelt daher eher skeptisch. Mögliche Folgen sind: Verlassenheits- und Minderwertigkeitsgefühle im Kombination mit Bindungsschwäche und einem übersteigertem Selbstbehauptungsbestreben. Dies kann sich in berechnendem, aggressiv-grausam, unsozialen und kriminellen Verhaltensweisen äußern.[29]

In einer herrsüchtig-verzärtelte Erziehung, übernehmen die Eltern alle Aufgaben und jegliche Verantwortung, welches reduzierte Eigeninitiative, Unselbständigkeit und geringes Durchsetzungsvermögen zur Folge haben kann.

Bei einem nachsichtig-verzärtelten Erziehungsstil werden dem Kind alle Wünsche erfüllt und kaum Grenzen gesetzt. Durch diesen Erziehungsstil können Egoismus, unrealistische Selbsteinschätzung, Befehls gebaren und Renommiesucht[30] entstehen.

Durch autoritäre oder herrsüchtige Erziehung besteht die Gefahr, das aggressive und opportunistische Tendenzen im Kind geweckt werden.[31]

Neben den familiären Aspekten spielt die Schule als pädagogische Institution ebenfalls eine wichtige Rolle bei der Verursachung von Verhaltensstörungen. Schüler sind meist entweder über- oder unterfordert Durch den Frontalunterricht, der meist vom Lehrer dominiert und auf den Leistungsdurchschnitt der Schüler

---

[29] Vgl. Msychker, S.136
[30] Anm.: Renommiersucht beschreibt das ständige und unangemessene Bedürfnis eines Menschen, Anerkennung von anderen zu erfahren.
[31] Vgl. Myschker, S.136.

ausgerichtet ist, werden die sozialen Fertigkeiten der Kinder nicht gefördert. Dies führt dazu das die Kinder schnell gelangweilt sind. Gruppenarbeiten sind förderlich für die sozialen Kompetenzen.[32]

4.2.3 Der soziologische Aspekt

Der soziologische Aspekt beschreibt, dass die Verhaltensvariablen eines Menschen, durch sozio-kultuerelle Faktoren bestimmt werden. Die Kernproblematik von Verhaltensstörungen sollte man in den sozialen Gegebenheiten und Erwartungen suchen und nicht im Individuum. Den verhaltensauffälligen Kindern fehlen laut diesem Aspekt, die elementaren sozio-kultuerellen Mittel, da sie ihnen nie vermittelt wurden. Zu den sozio-kulturellen Mitteln gehören unter anderem die Bereiche Sprache, Manieren und Leistungsbereitschaft, welche für das Leben in der Gesellschaft unabdingbar sind. Myschker zufolge erklärt sich die Rolle der Umwelt durch den Etikettierungs-, Stigmatisierungs- und Selbststigmatisierungsprozess.[33]

> „Der Ettikitierungsansatz kann im Zusammenhang gesehen werden mit der ‚Sündenbocktheorie', nach der eine Gesellschaft Abweichler braucht, weil deren Bestrafung als Gratifikation für eigenes Wohlverhalten erlebt werden kann und sozial konformes Verhalten stabilisiert."[34]

Die Gesellschaft setzt ein gewisses Verhalten voraus. Personen, die diesem Bild nicht entsprechen können schnell als „verhaltensauffällig„ stigmatisiert werden. Kindern denen oft ein negatives Verhalten zugeschrieben wird, beginnen damit sich selbst zu stigmatisieren und verlieren die Motivation etwas an ihrem Verhalten zu ändern.[35]

4.3 Folgen und Probleme im Alltag

Verhaltensstörungen behindern die Entwicklungs-, Lern- und Leistungsfähigkeit des Betroffenen. Die Interaktionsfähigkeit mit den Mitmenschen leidet stark. Bei allen Beteiligten herrscht ein erhöhter Leidensdruck.[36]

Die möglichen Folgen reichen von Ablehnung des Betroffenen bis hin zum Gefühl der Minderwertigkeit und der persönlichen Unzulänglichkeit. Die Unzufriedenheit

---

[32] Vgl. Schmidt Annika: Examensarbeit: Tiergestützte Pädagogik als Chance für verhaltensauffällige Kinder, Noderstedt: Grin-Verlag, 2009, S.13.
[33] Vgl. Ebd., S.127.
[34] Ebd., S.128.
[35] Vgl. Schmidt, S.12.
[36] Vgl. Putsch, S.20.

des Betroffenen wächst, bis er schließlich resigniert und verzweifelt. In der Folge leidet derjenige an personaler Insuffizienz[37] und sozialer Insuffizienz[38] und erkennt die Werte und Normen der Gesellschaft sowie die daraus abgeleiteten Verhaltensregeln nicht an.[39]

Ein verhaltensauffälliges Kind versucht meist durch störendes Benehmen, wie Rüpelhaftigkeit oder Kaspereien, die ersehnte Aufmerksamkeit und Anerkennung zu erlangen. Durch das Benehmen manifestiert das Kind das Bild des Störenfried und wird dementsprechend erst recht zum Außenseiter.

---

[37] Anm.: Personale Insuffiziens beschreibt die Unfähigkeit sich selbst zu mögen oder anzunehmen
[38] Anm.: schlechte zwischenmenschlichen Beziehungen.
[39] Vgl. Möhrke Corinna: Diplomarbeit, in http://www.canepaedaogik.de/canepaedagogik.pdf, S.35.

5 Mensch und Tier

Viele Menschen bereichern ihr Leben mit Tieren, da sie anerkannt haben dass unsere menschliche Natur unmittelbar mit der Natur der Tiere verbunden ist.[40] Die Menschen stellen den emotionalen Nutzen der Tiere in den Vordergrund. Sie werden als erholsamer Gegenpool zum Alltagsstress und Einsamkeitsgefühlen notwendig.[41]

5.1 Mensch - Tier Kommunikation

Verschiedene Ansätze, erheben den Anspruch, zu erklären, wie und weshalb die Kommunikation zwischen Mensch und Tier funktioniert. Um die Bedeutung der Mensch-Tier-Kommunikation erfassen zu können werden die verschiedenen Ansätze im folgenden aufgeführt. Dazu gehören Biophilie, Du-Evidenz, Bindungstheorie, Spiegelneurone, Anthromorphisierung und die nonverbale Kommunikation.

5.1.1 Biophilie

Die Biophilie-Hypothese wurde erstmals 1984 vom Biologen Edward O. Wilson, bei der Untersuchung der besonderen Bindung zwischen Mensch und Tier, angewandt. Man geht hierbei davon aus, dass der Mensch generell Interesse an allem Lebendem hat und eine Verbundenheit mit allen Spezies empfindet.[42] Wilson erklärt Biophilie folgendermaßen:

> "Biophilia, if it exists, and I believe it exists, is the innately emotional affilation of human beings to other living organisms. Innate means hereditary and hence part of ultimate human nature.(...) Biophilia is not a single instict but am complex of learning rules that can be teased apart and analysed individually."[43]

Durch die innere Verbundenheit des Menschen mit dem Tier kann der Mensch das Ausdrucksverhalten des Tieres deuten und auf Signale reagieren.

---

[40] Vgl. Förster Andrea: Tiere als Therapie, Stuttgart: Ibidem, 2005, S.23.
[41] Vgl. URL: https://www.icmt.ch/mensch-und-tier/leben-mit-hund-katz-co, Abruf am 20.10.2020.
[42] Vgl. Frömming Heiko: Die Mensch-Tier-Beziehung. Theorie und Praxis tiergestützter Pädagogik, Saarbrücken: Vdm Verlag Dr. Müller, 2006, S.18.
[43] Wilson, zitiert bei Vernooij/Schneider, S.31.

Das IEMT stellt folgende These auf:

> „Aufgrund ihrer angeborenen Anziehung zu anderen Lebewesen wie Pflanzen und Tieren brauchen die Menschen den Kontakt mit der Natur, um in einem gesunden Gleichgewicht zu leben (biophilie). In der Zeit der Technologisierung wird es für den Mensch immer wichtiger, den Kontakt zu Tieren neu zu beleben."[44]

Die Verhaltensweise des Tieres überträgt sich auf den Menschen und kann so bestimmte Gefühle auslösen. Beispielsweise kann das schnurren einer Katze kann beruhigend auf uns wirken, das knurren eines Hundes verängstigend.

5.1.2 Du-Evidenz

Nach Karl Bühler beschreibt die Du-Evidenz ursprünglich die Fähigkeit, eine andere Person als Individuum wahrzunehmen und zu respektieren. 1931 wurde die Du-Evidenz in einem Aufsatz von Geiger erstmals auf das Tier übertragen. Dies bedeutet, dass Menschen und entwicklungs-technisch gesehen höhere Tiere eine Beziehung miteinander eingehen können, die der von Menschen beziehungsweise Tieren untereinander entspricht.[45]

Die Initiative dieser Beziehung geht meist vom Mensch aus, ob das Tier erwidert ist dabei unerheblich. Wichtig ist, dass der Mensch die subjektive Gewissheit hat, dass es sich um eine „Partnerschaft,, handelt.[46] Ein Mensch gibt seinem Haustier einen Namen, um es von den anderen Tieren zu unterscheiden und erkennt es damit als Individuum mit eigenen Ansprüchen, Eigenarten und Bedürfnissen an.

Die Du-Evidenz beruht auf Erleben und Emotionen und kann daher auch einseitig bestehen. Sie stellt die Grundlage für eine Mensch-Tier-Beziehung, da man sich hier nur durch nonverbale Kommunikation verständigt. Diese Art von Beziehung entsteht meist mit Tieren, die ähnliche soziale Grundbedürfnisse wie Menschen haben und in ihrer Körpersprache ähneln, so dass eine nonverbale Kommunikation möglich ist.[47]

> „Vor allem Hunde und Katzen haben im Laufe ihres Zusammenlebens mit uns eigene, sehr differenzierte, menschengerechte Kommunikationsformen entwickelt."[48]

---

[44] IEMT Schweiz: Tiergestützte Therapie im Aufwind, in: Weissbruch Ausgabe 3/2007, S.1.
[45] Vgl. Vernnoij/Schneider, S.7/8.
[46] Vgl. Frömming, S.19.
[47] Vgl. Vernooij/Schneider, S.7/8.
[48] Vgl. Greiffenhagen Sylvia/ Buck-Werner Oliver N.: Tiere als Therapie. Neue Wege in Erziehung und Heilung, Mürlenbach: Kynos-Verlag, 2007, S.25.

Offensichtlich bemühen sich Mensch und Tier um eine gemeinsame Kommunikations- und Beziehungsebene. Nach Beck und Katcher reden 99 Prozent ihrer Klienten an der „University of Pennsylvania veterany clinic" mit ihren Tieren, wobei 80 Prozent genau so mit ihnen sprechen wie mit Menschen.[49] Frömming sieht die Du-Evidenz als unumgängliche Voraussetzung dafür, dass Tiere therapeutisch und pädagogisch helfen können.[50]

5.1.3 Bindungstheorie

Die Bindungstheorie geht davon aus, dass Erfahrungen früherer Bindungen an eine oder mehrere Bezugspersonen beziehungsweise deren Fehlern entscheidenden Einfluss auf die sozio-emotionale Entwicklung von Kindern haben. Frühe Bindungserfahrungen bilden „wahrscheinlich die Grundlage für die Regulation von Emotionen, für emotionale Intelligenz, Empathie und soziale Kompetenz im gesamten Lebenslauf."[51] Diese Theorie lässt sich auch auf die Mensch-Tier-Beziehung übertragen. Daher erwartet man, dass positive Bindungserfahrungen mit einem Tier möglicherweise ebenfalls auf die soziale Situation mit Menschen übertragen werden können.[52]

5.1.4 Spiegelneurone

Als Spiegelneurone bezeichnet man Nervenzellen, die während der Beobachtung oder Simulation eines Vorgangs die gleichen Potentiale auslösen, die entstünden, wenn der Vorgang aktiv gestaltet oder durchgeführt werden würde. Bei Mensch und Tier gibt es eine wechselseitige Spiegelung, eine so genannte „joint attention". Für die Beziehung zwischen Mensch und Tier könnte das Konzept der Spiegelneurone bei Übertragbarkeit, so positive Effekte wie Beruhigung oder auch Verbesserung der Stimmung durch das Tier erklären.[53]

---

[49] Beck Alan/Katcher Aaron: Between Pets and People. The Impotance of Animal Companionship, West Lafayette, Indiana: Purdue University Press, 1996, S.14.
[50] Vgl. Frömming, S.20.
[51] Beetz Andrea: Bindung als Basis sozialer und emotionaler Kompetenzen, in: Olbrich, Erhard/Otterstedt, Dr. Carola (Hrsg.) (2003): Menschen brauchen Tiere: Grundlagen und Praxis der tiergestützten Pädagogik und Therapie, Stuttgart: Franckh-Kosmos, S 77
[52] Vgl. Vernooij/Schneider, S.11.
[53] Beetz Andrea: Lebende Gegenüber-Schlüssel zur Empathie. Spiegelneurone als mögliche Grundlage der Mensch-Tier-Beziehung, in: Forschungskreis Heimtiere in der Gesellschaft (Hrsg.) (2006): Mensch&Tier (3), S.3.

5.1.5 Anthropomorphisierung

Die Anthropomorphisierung beschreibt die Vermenschlichung eines nicht menschlichen Bereichs. Auf Mensch und Tier bezogen bedeutet dies, dass tierisches Verhalten als menschlich gedeutet wird. Vernooij und Schneider beschreiben die Anthropomorphisierung als Grundlage für den Beziehungsaufbau zwischen Mensch und Tier, für die Entwicklung des nötigen Einfühlungsvermögens sowie als ökonomische Form des Kommunizieren mit dem Tiere.[54]

5.1.6 Die nonverbale Kommunikation

Watzlawick ET AL. Formulieren 1969 die fünf Axiome[55] der Kommunikationstheorie,[56]die in jeder Situation mit kommunikativem Charakter gelten.

Das erste der fünf Axiome besagt, dass man nicht nicht kommunizieren kann. Er assoziiert Kommunikation mit Verhalten und da man sich nicht nicht verhalten kann, lässt sich dies auch auf die Kommunikation übertragen.

Watzlawick unterscheidet ferner zwischen analoger und digitaler Kommunikation. Die digitale Kommunikation bezieht sich dabei auf Worte und Sätze und dient der Vermittlung von Informationen. Die analoge Kommunikation beschreibt hingegen die Beziehung zwischen den Kommunizierenden. Unter dieser Form der Kommunikation fallen die Körpersprache, Mimik, Gestik, Blick, Tonfall und Stimme. Unter Menschen ergänzen sich digitale und analoge Kommunikation meist, jedoch können sie sich hin und wieder auch widersprechen. Bei Mensch und Tier spielt die digitale Kommunikation eine untergeordnete Rolle. Auf Tiere bezogen „wissen wir, dass sie die analoge Anteile der Kommunikation wahrnehmen, die von Menschen gesendet werden, kaum die digitalen."[57] Ausschlaggebend beim Sprechen mit dem Tier ist die Artikulation der Worte. „Was das Tier versteht offensichtlich nicht die Bedeutung der Worte, sondern die zahlreichen Analogiekommunikationen, die im Ton der Sprache und der sie begleitenden Gestik enthalten sind."[58] Wir verständigen uns mit Tieren, indem „ wir unsere menschliche Sprache verlassen und

---

[54] Vgl. Vernooij/Schneider, S.15.
[55] Anm.: Axiom: keines Beweises bedürfender Grundsatz, Definition Duden, Mannheim 2004, S.196.
[56] Vgl. Watzlawick Paul/ Beavin Janet/ Jackson Don D.: Menschliche Kommunikation. Formen. Störungen. Paradoxien, Bern: Huber, S.53.
[57] Olbrich Erhard: Kommunikation zwischen Mensch und Tier, in Olbrich/Otterstedt (Hrsg.) (2003): Menschen brauchen Tiere: Grundlagen und Praxis der tiergestützten Pädagogik und Therapie, S.87.
[58] Watzlawick/Beavin/Jackson, S. 64.

zurückgehen auf Signalsysteme, die auch Tiere benutzen."[59] Das Tier versteht den Menschen durch Körpersprache, Mimik und Gestik, Blickkontakt, Stimme und Stimmung sowie Körpergeruch. Der Mensch versteht das Tier durch Schwanzwedeln, Körperhaltung und Laute. Tiere drücken sich zwar eindeutiger aus als der Mensch, aber auch bei Tieren ist das Bemühen des Menschen gefordert, das Tier zu verstehen.[60]

Otterstedt gliedert die Kommunikation zwischen Mensch und Tier in verschiedene Dialogebenen: optisch, akustisch, olfaktorisch[61], haptisch[62], thermisch[63] und chemisch[64].[65] Ausschlaggebend für die Kommunikation sind jedoch hauptsächlich die ersten drei Dialogebenen. Ein Hund zum Beispiel nimmt Signale zunächst olfaktorisch, dann optisch und zuletzt akustisch auf. Der Mensch dagegen reagiert erst auf optische Signale, dann auf akustische. Gerüche spielen für den Menschen bei der Aufnahme von Signalen eine untergeordnete Rolle. Der Mensch sendet Signale zuerst akustisch, dann optisch und schließlich unterbewusst olfaktorisch . Der Hund hingegen sendet zunächst optische, dann olfaktorische und zuletzt akustische Signale.[66]

> „Die nonverbale Kommunikationselemente sind, wie auch die verbalen, nicht Solitär, also unabhängig voneinander zu sehen, vielmehr erkennen wir durch Beobachtungen und Erfahrung, welche Inhalte des Zusammenspiels der Kommunikationselemente das Tier offenbart."[67]

Tiere und Menschen kommunizieren verschieden, nutzen aber gleiche Dialogebenen. Daher gelingt es uns mit etwas Übung, uns mit Tieren zu verständigen. Nach Fleischer kommuniziert der Hund auf einer Vorstufe menschlicher Kommunikation. Es entwickelte sich ein Kommunikationskonsens zwischen Mensch und Hund

---

[59] Körner Jürgen: Bruder Hund & Schwester Katze. Tierliebe-Die Sehnsucht des Menschen nach dem verlorenen Paradies, Köln: Kiepenheur & Witsch, 1996, S.121.
[60] Frömming, S.20.
[61] Anm.: Wahrnehmung von Gerüchen.
[62] Anm.: Wahrnehmung taktiler Reize.
[63] Anm.: Wahrnehmung von Temperaturdifferenzen
[64] Anm.: Wahrnehmung unterschiedlicher chemischer Substanzen.
[65] Vgl. Otterstedt Dr. Carola: Mensch und Tier im Dialog. Kommunikation und artgerechter Umgang mit Haus-und Nutztieren. Methoden der tiergestützten Arbeit und Therapie, Stuttgart: Franckh Kosmos, 2007, S.38-40.
[66] Vgl. Prothmann Anke: Verhaltensmuster psychisch auffälliger Kinder und Jugendlicher in der tiergestützten Therapie- eine Interaktionsanalyse, Aachen: Shaker, 2005, S.10.
[67] Otterstedt, Mensch und Tier im Dialog, S.41.

aufgrund der langen Koevulation und der für den Hund zeitlebens bestehenden Mensch-Hund-Gemeinschaft,[68] in welcher der Hund ein „antropophiles Gehirn,, ausgebildet hat, das ihm hilft, die Partnerschaft mit dem Menschen zu seinem Vorteil zu nutzen.[69]

> "They find they can communicate in subtle, nonverbal ways grounded on mutual understanding and experience."[70]

Frömming führt an, dass ein Hund die Situation eines Menschen nicht erfassen kann, sich jedoch die Stimmung des Menschen auf ihn überträgt.[71]

Die Tatsache, dass Tiere den Gemütszustand der Menschen reflektieren und dies tröstend wirken kann, kann in der therapeutischen Arbeit genutzt werden. Zu sagen, dass Tiere in der Lage sind uns zu trösten, wäre eine Vermenschlichung der Tiere und so nicht zutreffend.[72] Aus eben diesem Grund bezeichnet Otterstedt Tiere als „effektives alternatives Dialogangebot"[73] bei physischer, psychischer Verletzung oder Behinderung.

> „Je nach dialogischem Bedarf können beispielsweise das ruhige Halten, das sorgsame Umgehen mit Tieren, Geborgenheit zu spüren und geben, das Vertrauen des Tieres spüren, eine Alternative zur erlebten Gewalt oder zur körperlichen, seelischen Einschränkungen darstellen."[74]

5.2 Mensch-Tier-Beziehung

Vielen Menschen fällt es leichter sich mit einem Tier auseinanderzusetzen, da diese nicht bewerten. Sie haben keine Vorurteile und stellen keine Bedingungen an ihren Dialogpartner. Sie kommunizieren ehrlich und situationsbezogen. Menschen mit

---

[68] Vgl. Prothmann, Verhaltensmuster psychisch auffälliger Kinder und Jugendlicher in der tiergestützten Therapie- eine Interaktionsanalyse, S.11.
[69] Greiffenhagen/Buck-Werner, S.47.
[70] Hirschmann Elizabeth C: Consumers and Their Animal Companions, in: The Journal of Consumer Research, Vol.20, No.4, 1994, S.620.
[71] Vgl. Frömming, S.23.
[72] Schmidt, S.25.
[73] Otterstedt Dr. Carola: Der Dialog zwischen Mensch und Tier, in: Olbrich/Otterstedt (Hrsg.) (2003): Menschen brauchen Tiere: Grundlagen der tiergestützten Pädagogik und Therapie, S.95.
[74] Ebd., S.96.

geringem Selbstwertgefühl, können die Erfahrung machen bedingungslos angenommen zu werden, was sehr förderlich sein kann.[75]

Hirschmann drückt es folgendermaßen aus:„As friends, animals can be especially valuable and comforting because they provide unconditional love and loyalty."'[76] Menschen, die Tiere lieben, sind in der Regel auch Menschenfreunde.

„Der untrüglichste Gradmesser für die Herzensbildung des Menschen ist, wie sie Tiere betrachten und behandeln."[77]

5.3 Kind-Tier-Beziehung

Circa 50 Prozent der Tiere werden in Familien mit Kindern gepflegt.[78] 40 Prozent aller Katzen leben in Familien mit Unter vierzehn jährigen.[79] Laut zahlreicher Untersuchungen steht bei Kindern ein Tier ganz oben auf der Wunschliste.[80]

Wissenschaftliche Untersuchungen zeigen, dass Kinder vom Zusammenleben mit Heimtieren in vielfacher Weise profitieren: (...) Im Umgang mit dem Tier werden positive Charaktereigenschaften wie Rücksichtnahme, Verantwortungsgefühl und Einfühlungsvermögen entwickelt und gefördert.[81] Kinder gehen, sofern sie zuvor keine schlechten Erfahrungen mit Tieren gesammelt haben, unvoreingenommen auf Tiere zu.

Nach Krowatschek werden sie mit einer natürlichen Sympathie für Tiere geboren, die im Lauf ihres Leben wächst oder verschwindet. Man sollte in der Erziehung des Kindes versuchen, den Kindern die Liebe zu Tieren zu lehren und zu vergrößern. Der Umgang sollte verantwortungsbewusst und respektvoll erfolgen.[82]

---

[75] Vgl. Vernooji/Schneider, S.21.
[76] Hirschmann: Consumers and Their Animan Companions, in: The Journal of Consumer Research, Vol.20, No.4, 03/1993, S.620.
[77] Auerbach bei Förster: Tiere als Therapie.
[78] Prothmann, Verhaltensmuster psychisch auffälliger Kinder und Jugendlicher in der tiergestützten Therapie- eine Interaktionsanalyse, S. 3.
[79] Vgl.: IEMT, URL: https://www.iemt.ch/mensch-und-tier/leben-mit-hund-katz-co, Abruf am 20.10.2020.
[80] Vgl.: IEMT, URL: https://www.iemt.ch/mensch-und-tier/kinder-und-tiere, Abruf am 20.10.2020.
[81] IEMT, URL: https://www.iemt.ch/mensch-und-tier/leben-mit-hund-katz-co, Abruf am 20.10.2020.
[82] Vgl. Krowatschek Dieter: Kinder brauchen Tiere. Wie Tiere die kindliche Entwicklung fördern, Düsseldorf: Patmos, 2007, S.40.

Poresky fand 1988 heraus, dass Kinder mit einer engen Bindung zu einem Tier kompetenter in der Kommunikation und in der Interaktion mit anderen Menschen sind, als Kinder ohne Tierbindung. Bereits 1983 bemerkte Gutmann, dass Kinder, die mit Tieren aufwachsen, sich besser in einer Gemeinschaft einfügen und kooperativer und weniger aggressiv als andere Kinder sind.[83]

> „Die kognitive, emotionale und soziale Entwicklung unserer Kinder wird durch Heimtiere deutlich gefördert. Kinder, die mit Tieren aufwachsen, zeigen signifikant mehr Mitgefühl sowie eine bessere soziale Integrations- und Konfliktfähigkeit. Sie sind emotional reifer und unter Gleichaltrigen bevorzugte Sozialpartner."[84]

Fast jedes dritte Kind in Deutschland wächst heute ohne Geschwister auf.[85] Gerade in der heutigen Zeit sind Kinder oft belastenden Familiensituationen ausgesetzt und verlieren durch die Verstädterung den Bezug zur Natur. Da Tiere die Beziehung von Kindern zu anderen Menschen ergänzen, können sie bei der Bewältigung von Emotionen, Konflikten sowie bei der Verarbeitung von Auseinandersetzungen durchaus hilfreich sein.[86] Kinder können sich mit den Tieren identifizieren und erkennen diese als Gefährten an.[87] Byrant beschreibt Tiere als „an essential component in the socialization of a child."[88] Durch ein Tier erhöht sich die Verbundenheit zur Natur. Tiere sind ein Anreiz zum Lachen, zur Bewegung und zum Spiel. Sie lenken von Ärger und Sorgen ab, bieten Trost und regen die Phantasie und Erlebnisfähigkeit von Kindern an.[89] Nach Greiffenhagen dient der Umgang mit Tieren einer Erziehung zur Humanität.[90] „Teutsch empfiehlt Tiere als geeignete Partner und Kopädagogen für ein neu zu errichtendes Lernziel ‚Empathie.'"[91]

---

[83] Vgl. Schulze Rebekka: Entwicklungsunterstützende Aspekte der Kind-Tier-Beziehung, in: http://www.mensch-tier-kongress.de/archiv/2007/Mensch-Tier-Kongress-2007.pdf, S.41, Abruf am 30.08.2009.
[84] IEMT Schweiz: Von der Bedeutung des Kontakts mit Tieren für die emotionale, soziale und kognitive Entwicklung von Kindern, in: Weissbuch, Ausgabe 1/2003, S.2.
[85] Vgl. Prothmann Anke: Tiergestützte Kinderpsychotherapie, Frankfurt am Main: Lang Peters, 2007, S.39.
[86] Vgl. Krowatschek, S.40.
[87] Vgl. Otterstedt Dr. Carola; Tiere als therapeutische Begleiter. Gesundheit und Lebensfreude durch Tiere – eine praktische Anleitung, Stuttgart: Franckh-Kosmos, 2001, S.46.
[88] Bryant Clifton D.: The Zoological Connection: Animal-Related Human Behavior, in: Social Forces, Vol.58, No.2, S.411.
[89] Vgl. Schmidt, S.28.
[90] Vgl. Greiffenhagen/Buck-Werner, S.71-73.
[91] Ebd., S.74.

Durch den Kontakt mit Tieren wird die Rücksichtnahme selbstverständlich und automatisch geübt, sodass Kinder nicht mehr so große Schwierigkeiten haben, ihre eigenen Interessen zugunsten für jemanden anderen zurück zu stellen. Kinder haben die Chance, Bedürfnisse und Gefühle eines abhängigen Lebewesen wahrzunehmen und diese Erfahrungen im eigenen sozialen Verhalten umzusetzen. Kinder können all dies schon früh lernen und schließlich auf die Mensch-Mensch-Beziehung übertragen.[92]

> „Am Tier zuerst übt sich das Kind in Barmherzigkeit oder in Grausamkeit und erwachsen wird es dann barmherzig und hilfsbereit oder unbarmherzig und selbstsüchtig gegen seine Mitmenschen sein."[93]

Nach Levinson kann ein Tier einem Kind dabei helfen, die Aufgaben des Großwerdens zu meistern.[94] Tiere können die nötige Zuflucht und Trost, vor allem für pubertierende Jugendliche bieten. Das Gespräch mit den Eltern suchen die Jugendlichen meist selten, sodass das Tier an die Stelle des Gesprächspartners rückt. Kinder und Jugendliche profitieren vom Zusammenleben mit Heimtieren, da Tiere immer da sind, „zuhören,, und die Kinder so nehmen, wie sie sindDie Tiere stellen keine Forderungen und geben den Kindern und Jugendlichen die Sicherheit und das Gefühl ohne Vorbehalte geliebt zu werden.[95] Verantwortung zu übernehmen lernen die Kinder dadurch, dass das Tier auch Arbeit mit sich bringt. Das Tier möchte versorgt werden und Zuwendung erfahren.

Besonders unkonzentrierte und hyperaktive Kinder profitieren von Tieren, da man diese nicht einfach ignorieren kann. Es braucht Zeit und Ausdauer, ein Tier zu erziehen. Die Kinder müssen sich in Geduld üben und behutsam mit dem Tier umgehen, um das Vertrauen des Tieres zu gewinnen. Aus diesen Gründen werden Tiere immer öfter bei der Behandlung und Rehabilitation von psychisch kranken oder belasteten Kinder eingesetzt.[96]

---

[92] Vgl. Endenburg Nienke: Der Einfluß von Tieren auf die Frühentwicklung von Kindern als Voraussetzung für tiergestützte Psychotherapie, in: Olbrich/Otterstedt (Hrsg.): Menschen brauchen Tiere: Grundlagen und Praxis der tiergestützten Pädagogik und Therapie, S.122.
[93] Fröbel bei Greiffenhagen/Buck-Werner, S.65.
[94] Vgl. Levinson voris Mayer: Pet-oriented child psychotherapy, Springfield: Charles C Thomas Publisher, 1969, S.68.
[95] Vgl. IEMT, URL.: https://www.iemt.ch/mensch-und-tier/kinder-und-tiere, Abruf am 20.10.2020.
[96] Vgl. IEMT, URL.:https://www.iemt.ch/mensch-und-tier/tiere-als-helfer-fuer-behinderte, Abruf am 20.10.2020.

Krowatschek meint, er habe auch mit hyperaktiven Kindern „die Erfahrung gemacht, dass sie sich beruhigen, wenn sie mit einem Tier zu tun haben. Ein hyperaktiver Junge hat sich so ausgedrückt: Wenn ich mit dem Hund zusammen bin, fühle ich mich ganz friedlich."[97]

5.4 Wirkung der Tiere

Im folgenden werden die positiven Wirkungen, die Tiere auf den Menschen haben, beschrieben.

> "The decision to offer someone special activities or therapy through companionship with animals presumes that an animal can provide something that the person needs or that would enhance the person's life in a significant way, or that the animal can add essential motivation to carry out assigned treatments or activities. Psychosocial benefits, motivation for performance of important tasks, and instrumental assistance with tasks may result. Yet one should not expect a one-size-fits-all animal to fulfil everyone's needs or enhance everyone's life. Many individuals dislike certain animals, and moststrongly prefer particular types of animals. We are all predisposes by our previous experience to have specific individualized reactions to particular breeds or species."[98]

Man unterscheidet zwischen physischer, emotionaler und sozialer Wirkung von Tieren auf den Menschen, sowie ihrer Wirkung auf den Bereich des Lernverhaltens.

5.4.1.1 Physische Wirkung

Nach einer Studie der Universität Bonn erweisen sich Tiere als wirksame Prävention in Verbindung mit Herz- und Kreislauferkrankungen, Erkrankungen des Bewegungsapparates, psychosomatischen Erkrankungen des Bewegungsapparates, psychosomatischen Erkrankungen, kindlichen Verhaltens- und Entwicklungsstörungen und Psychosen.[99] Otterstedt zufolge kann sich „bereits das gelassene und fröhliche Betrachten von Tieren"[100] positiv auf Körperfunktionen auswirken. Die reine Präsenz sowie das streicheln eines Tieres kann den Puls und Kreislauf stabilisieren und den Menschen physisch entspannen. Durch die gelöste Interaktion lockern sich die Muskeln. Man atmet aktiver, kraftvoller und tiefer, so dass der

---

[97] Krowatschek, S.122.
[98] Fine: Handbook on Animal Assited Therapie, S.81.
[99] Otterstedt: Tiere als therapeutische Begleiter, S.27/28.
[100] Ebd., S.31.

physische Stress reduziert wird. Herzfrequenz und Blutdruck werden gesenkt. Durch die Freisetzung von Beta-Endorphinen können Schmerzen verringert werden.

Tiere motivieren Menschen zu einer gesünderen Lebensweise. Die Bereitschaft zu körperlicher Bewegung steigt. Die Beweglichkeit sowie die körperliche Fitness wird verbessert. Zusätzlich gibt es noch die praktische und technische Unterstützung durch Tiere, die insbesondere von Servicetieren ausgeführt werden. So bieten diese Tiere Führung und Leitung für Blinde und Gehörlose, Schutz und Sicherheit und insbesondere bei Körperbehinderungen Arbeits- und Aufgabenerleichterungen.[101]

5.4.1.2 Emotionale Wirkung

Durch die unkritische Bewunderung und kontinuierliche Zuneigung des Tieres wird der positive Selbstwert und das positive Selbstkonzept gefördert. Die Interaktion und der Aufbau einer Beziehung zum Tier stärken das Selbstbewusstsein eines Kindes. In der Therapie bedeutet dies, dass das zu therapierende Kind sich mit dem Tier identifiziert, welches wiederum vom Therapeuten akzeptiert wird. Dies hat zur Folge dass das Kind sich emotional öffnen kann. Für Kinder die Missbrauch erlebt haben, ist es wichtig, einmal in der Position zu sein, andere zu dirigieren anstatt selbst dirigiert zu werden. Dieses Gefühl bekommt das Kind zum Beispiel wenn es dem Hund ein Kommando gibt und dieser dieses ausführt. Die Stressreduktion erfolgt dabei nicht nur physisch sondern auch psychisch. Wer mit seinem Tier redet oder es streichelt zeigt eine Reihe von stereotypischen Veränderungen in seinem Gesicht und in der Stimme.[102] Tiere beruhigen und lösen, weil sie kein „gutes Benehmen„ erwarten.[103] Ein Tier sorgt im Therapieraum für Normalität und hat eine Angst lösende Wirkung. Es ermutigt zu spontanerem Verhalten und Kommunikation. Das Kind sieht, dass das Tier sicher ist und fühlt sich durch die Identifikation mit ihm folglich auch sicher.

---

[101] Tiergestützte Kinder und Jugendpsychotherapie, URL: https://www.tiergestuetzte-kjp-bad-harzburg.de/tiergest%C3%BCtzte-psychotherapie/bio-psycho-soziale-wirkung/#:~:text=Psychologische%20Stressreduktion%2C%20Beruhigung%20und%20Entspannung,Ablenkung%20von%20Angst%20machenden%20Stressoren., Abruf am 20.10.2020.
[102] Vgl. Schmidt, S.30/31.
[103] Greiffenhagen/Buck-Werner, S.38/39.

"Animals tend to be more forgiving than people when mistake are made, allowing for children to continue practicing their social and commuincative skills without suffering from permanent rejection as a result of their mistakes during the process."[104]

5.4.1.3 Soziale Wirkung

Durch die Arbeit mit Tieren kann das positive Sozialverhalten gesteigert werden. Die Kinder machen positive soziale Erfahrungen, erleben und respektieren Grenzen und erfahren ein Gemeinschaftsgefühl als auch eine Art Freundschaft. Ebenso wird die Frustrationstoleranz sowie das Verantwortungs- und Pflichtbewusstsein gestärkt. Die Tiere vermitteln positive Attribute, wie Sympathie, Offenheit und Unverkrampftheit.[105] Nach der Lockwood-Studie werden Tierhalter als glücklicher, freundlicher, unerschrockener und weniger verkrampft eingeschätzt.[106] Tiere stellen soziale Katalysatoren dar. Dadurch das man fremde Tiere eher an spricht, als fremde Menschen, kann über ein Tier ein Kontaktaufbau zwischen total fremden Menschen entstehen. So spricht man meist erst den Hund und dann den Halter an. Das Tier wirkt als „Eisbrecher,,. Tiere erleichtern auch Kindern die soziale Kontaktaufnahme und regen zu lustigen und spielerischen Tätigkeiten an. In der Therapie ist die Fähigkeit als sozialer Katalysator grundlegend: „When the child observs the autenthic, positive, nurturing way the therapist relates to the animals, the child often perceives the therapist in a more positive light and feels less threatened."[107]

Das Tier fungiert als Kamerad und bietet soziale und emotionale Unterstützung. Die Entwicklung der eigenen Identität wird dadurch gefördert.[108] Durch die Tiere lernt man ein gesundes Durchsetzungsvermögen, indem man zum Beispiel ein Tier trainiert. Distanzen werden ab- und Nähe aufgebaut. Das Empathievermögen wird durch die Tiere ebenfalls gefördert.

---

[104] Vgl. Prothmann Anke: Verhaltensmuster psychisch auffälliger Kinder und Jugendlicher in der tiergestützten Therapie, S. 35.

[105] Vgl. Naber Sabrina: Wirkungen tiergestützter Interventionen auf Menschen mit Demenz in ambulant betreuten Wohngemeinschaften, in: https://kobra.uni-kassel.de/bitstream/handle/123456789/2018031354753/DissertationSabrinaNaber.pdf?sequence=3&isAllowed=y,, S.67-70, Abgerufen am 21.10.2020.

[106] Vgl. Greiffenhagen/Buck-Werner, S.42.

[107] Parish-Plass: Animal-Assisted Therapy with Children Suffering from Insecure Attachment Due to Abuse and Neglect, S.13.

[108] Vgl. Prothmann Anke: Verhaltensmuster psychisch auffälliger Kinder und Jugendlicher in der tiergestützten Therapie, S.13/14.

"A child's love and affection for a pet does not automatically transfer itself to human beings but can serve as a bridge."[109]

5.4.1.4 Wirkung auf das Lernverhalten

Verschiedene Untersuchungen besagen, dass sich der Umgang eines Menschen mit einem Tier auf zwischenmenschliche Interaktionen übertragen lässt.

„Wer Tier sagt, muss auch Mensch sagen. Denn wie wir über Tiere denken, spiegelt auch unser Menschenbild wieder."[110]

Neben den physiologischen, psychischen und sozialen Wirkungen kann das Tier auch Einfluss auf das Lernverhalten eines Menschen haben. Bergler formuliert folgende Bedingungen, die Kindern das Lernen erleichtern können: es bedarf einer kontinuierlichen verbalen und nonverbalen Kommunikation, sozialer Anregung und Unterstützung sowie Fragen und Antworten.

Die Kinder sollen ihre Umwelt durch Erfolg und Misserfolg erkunden und sich mit Dingen auseinandersetzen müssen. Dies fordert ein konsequentes Verhalten und Zielorientierung. Kinder, die lernen sollen, benötigen ein Vorbild und Vertrauen. Spiel, Spaß, Phantasie und Abwechslung dürfen aber nicht vergessen werden.[111]

Die Tiere erzeugen durch den Erfolg beim Training und in der Erziehung ein Gefühl für Fleiß und Leistungsbereitschaft.[112]

Ein Tier erzieht zu Ordnung, Pünktlichkeit, Regelmäßigkeit und (Selbst-)Disziplin. Die Kinder lernen Zusammenhänge und Arbeitsabläufe zu erfassen und mit anderen Kindern im Team zu arbeiten.[113]

---

[109] Levinson: Pet-oriented child psychotherapy, S. 159.
[110] Krowatschek Dieter: Kinder brauchen Tiere. Wie Tiere die kindliche Entwicklung fördern, Düsseldorf: Patmos, 2007, S.14.
[111] Vgl. Bergler Reinhold. Warum Kinder Tiere brauchen, 2. Auflage, Freiburg im Breisgrau: Herder, 1994.
[112] Vgl. Prothmann Anke: Verhaltensmuster psychisch auffälliger Kinder und Jugendlicher in der tiergestützten Therapie, S.37.
[113] Vgl. Greiffenhagen/Buck-Werner, S.191.

Greiffenhagen zufolge erhöht ein Hund die Lust am Lernen und an Leistung.[114]

> „In der Praxis des Lernen mit Tieren geht es häufig um Korrekturen eines ‚fehl gegangenen Lernens' durch neues Lernen, also beispielsweise das Verlernen von Ängsten (…), Phobien oder Verhaltensauffälligkeiten."[115]

Geistige und sprachliche Fähigkeiten werden durch Tiere gefordert und trainiert. Die Konzentrationsfähigkeit und das Durchhaltevermögen der Schüler werden verbessert.[116] Greiffenhagen sieht außerdem die anschauliche und authentische Vermittlung von Naturerleben als wichtige Ergänzung zu Medienerlebnissen wie Fernsehen und Computer. Wissen wird vermittelt und unterschiedliche Lebensformen können erlebt und respektiert werden.[117]

---

[114] Ebd., S.78.
[115] Schwarzkopf Andreas/Oblrich Erhard: Tiergestützte Pädagogik, Lernen mit Tieren., in: Olbrich/Otterstedt (Hrsg.): Menschen brauchen Tiere: Grundlagen und Praxis der tiergestützten Pädagogik und Therapie, S.258.
[116] Vgl. Greiffenhagen/Buck-Werner, S.191.
[117] Vgl. Ebd., S.191.

6 Tiere als Begleiter

Tiere mit einem ausgeprägten körperlichen Vokabular sind besonders förderlich, da der Prozess zwischen Mensch und Tier Impulse durch den nonverbalen Dialog bekommt. Tiere die eingesetzt werden sollten gesund, gut gepflegt, kontaktfreudig, freundlich und tolerant sein sowie ein ausgeglichenes Wesen besitzen. Das Verhalten des Tieres ist dabei immer so gut, wie das Verhalten des Besitzers. Der Besitzer muss sein Tier und seine Belastbarkeit kennen. Nach der ersten Begegnung mit dem Klienten, lässt der Tierhalter, dass Geschehen einfach passieren und mischt sich in die entstehende Mensch-Tier-Beziehung, nur wenn notwendig ein.

„Tiere erobern Menschen mit ihrer Offenheit und ihrem Herzen, auch dort, wo vorher vielleicht Angst war."

Der Erstkontakt zu Tieren, kann Menschen durchaus Angst bereiten. Daher sollte man das Tier passend zum Klienten und dessen Ziele auswählen.[118]

6.1 Klein- und Heimtiere

Hund

Die beliebtesten Begleiter des Menschen ist der Hund. Der Hund akzeptiert den Mensch schnell als Leittier und passt sich an die individuelle körpereigene Sprache des Menschen an und will diesem ‚gefallen'.[119] Der Hundebesitzer benötigt eine ausreichende Fachkunde über den Hund. Entscheidend für eine erfolgreiche Arbeit ist die Beziehung zwischen Hund und Halter. Die Bindung und die gegenseitige Bereitwilligkeit, miteinander zu kommunizieren ist essenziell. Der Hund muss nach der üblichen Eingangs- und Verhaltensprüfung, tierartgerecht in engem Sozialverband gehalten, gepflegt und tierärztlich überwacht werden.[120] Mögliche Einsatzbereiche eines Hundes sind der Einsatz in der tiergestützte Therapie, als Besuchsdienst-Hund zum Beispiel in Kinderheimen, Kindergärten oder Schulen sowie als Heim-Hund. Bei der Wahl des Hundes ist es wichtig, dass das Temperament und der Charakter von Mensch und Hund zueinander passen.[121]

---

[118] Vgl. Otterstedt : Tiere als therapeutische Begleiter, S.117-120.
[119] Vgl. Ebd. S.138-140.
[120] Vgl. Olbrich/Otterstedt (Hrsg.): Menschen brauchen Tiere. Grundlagen und Praxis der tiergestützten Pädagogik und Therapie, S.116.
[121] Vgl. Otterstedt: Tiere als therapeutische Begleiter, S.142-144.

Kaninchen und Meerschweinchen

Die kleinen handlichen Tiere haben die perfekte Körpergröße und passen perfekt in den Arm oder auf den Schoß. Kaninchen lassen sich gerne streicheln. Der Körper bietet viel Interessantes für die Kinder- und Jugendlichen zu entdecken, wie die schönen Augen, das samtartige Fell oder die Adern der Ohren.[122] Besonders Zwergkaninchen eigenen sich für die tiergestützte Arbeit, wenn sie artgerecht in Gruppen gehalten werden. Die Kaninchen müssen im engen Kontakt mit Menschen stehen und den intensiven Kontakt zum Menschen von klein auf kennen. Meerschweine sind ebenfalls gesellige Tiere, die nicht einzeln gehalten werden dürfen. Nach einer ausreichenden Gewöhnung an den Menschen sind die Tiere sehr friedsam.

Aquarien Fische

Eine Studie fand heraus, dass das betrachten der sanft dahingleitenden Fische beruhigend wirkt und hilft den Blutdruck zu senken. Es gibt Einrichtungen die ein Aquarium aufstellen um den Raum lebendiger zu gestalten und andere die das Aquarium zum Beispiel in Aufenthaltsräumen aufsetzenum eine beruhigende Wirkung zu erzielen.[123] Aquarien benötigen viel Pflege und Betreuung. Angefangen bei der Auswahl der Zierfischarten bis hin zur Kontrolle der Wasserqualität, Ausstattung und Beleuchtung des Aquariums, Fütterung der Fische, usw.. Neben der konkreten Verantwortlichkeit von Fach kompetenten Mitarbeiter empfiehlt es sich Checklisten anzulegen. Diese sollten die Pflege und Fütterung sowie die Überwachung der technischen Geräte beinhalten. Ebenso sollten die nötigen Wasserparameter geprüft und überwacht werden.[124]

Vogelarten

Die meisten Vogelarten müssen in Gruppen gehalten und vor Beutefängern gesichert werden. Bei Wassergeflügel ist eine leicht sauber zu haltende Wasserfläche vorzusehen. Bei einem angestrebten direkten Tierkontakt, sollten die Vögel schon in der Prägephase nach dem Schlupf oder in der Jungtierphase darauf vorbereitet werden.[125]

---

[122] Vgl. Ebd. S.150/151.
[123] Vgl. Otterstedt: Tiere als therapeutische Begleiter, S.149/150.
[124] Vgl. Olbrich/Otterstedt : Menschen brauchen Tiere, S.118.
[125] Vgl. Olbrich/ Otterstedt: Menschen brauchen Tiere, S.120.

6.2 Großtiere

Pferde/Pony/Esel

Ausgeglichene und gutmütige Tiere eignen sich für die tiergestützte Arbeit.[126] Neben ausgebildeten Fachpersonal, sind artgerechte Stallungen sowie Weide- und Trainingsflächen nötig um Pferde/Pony/Esel in der tiergestützten Arbeit einbinden zu können. Das Tier muss mit Charakter und Temperament dem Nutzungszweck entsprechen, dies bedeutet dass nur ausgebildete Tiere für die Arbeit in Frage kommen.[127]

Schafe und Ziegen

Schafe und Ziegen können zusammen gehalten werden. Die Tierarten ergänzen sich, da sie zum Beispiel verschiedene Pflanzen bevorzugen. Schafe müssen von klein an gezähmt werden und auf den Menschen konditioniert werden. Ziegen sind von Natur aus neugierig und dem Menschen gegenüber zugeneigt. Die Tiere benötigen einen trockenen und strukturierten weitläufigen Auslauf. Besonders für die Ziegen sollten Klettermöglichkeiten geschaffen werden.[128]

Lama und Alpakas

Die Tiere haben eine Schulterhöhe von 1,20m und sind seit mehren Jahren auch in Deutschland beheimatet. Die Tiere werden als Begleiter bei Wandergruppen geschätzt und in sozialpädagogischen Projekten wie zum Beispiel in der Suchtberatung eingesetzt.

Die Tiere haben ein feinfühliges Wesen das die heilsame Begegnung zwischen Menschen und Tier unterstützt. Die Tiere stürmen nicht direkt auf den Menschen zu. Der Mensch kann die Nähe und Distanz hier gut bestimmen, was besonders in der Arbeit mit Menschen mit einem irritierten oder gestörten Körpergefühl wichtig ist.[129]

---

[126] Vgl. Otterstedt: Tiere als therapeutische Begleiter, S.152.
[127] Vgl. Olbrich/Otterstedt: Menschen brauchen Tiere, S. 119.
[128] Vgl. Olbrich/Otterstedt: Menschen brauchen Tiere, S.120.
[129] Vgl. Otterstedt: Tiere als therapeutische Begleiter, S.165.

6.3 Phobien in der tiergestützten Arbeit

Unter einer Phobie wird eine klinisch relevante Störung verstanden. Kennzeichnen sind übersteigerte, unangemessene Angst- und Panikzustände vor bestimmten Objekten beziehungsweise Situationen. Typische Phobien die sich im Kindesalter entwickeln beziehen sich zum Beispiel auf Dunkelheit, Trennungssituationen, Spinnen, Wespen oder auch Hunden. Findet die befürchtete Konfrontation zum Beispiel mit dem Hund statt, kommt es neben der subjektiv erlebten Angst zu vegetativen Begleiterscheinungen wie zum Beispiel Zittern, Herzklopfen, Schwitzen, usw. . Die meisten Kinder und Jugendlichen mit Phobien, entwickeln ein Vermeidungsverhalten in Bezug auf den Auslöser. . Wurde beispielsweise in der Vergangenheit eine negative oder gar traumatische Erfahrung in Bezug auf einen Hund gemacht, neigen diese Menschen dazu zum Beispiel die Straßenseite zu wechseln, wenn ihnen ein Hund entgegenkommt. Es kommt sogar zu Beziehungsabbrüchen wenn der Freund/die Freundin einen Hund besitzt.

Diese Kinder und Jugendlichen sind durch ihre Phobie meist in ihren psychosozialen Bezügen und ihrem Selbstwertgefühl so beeinträchtigt, dass psychische Folgestörungen entstehen können. Die Arbeit mit dem Kind oder Jugendlichen benötigt ein Konzept mit einer therapeutische Zielsetzung. Aufgrund der Zielsetzung ist es nur zur Anwendung durch verhaltenstherapeutisch qualifizierte Psychotherapeuten geeignet.[130]

---

[130] Vgl. Olbrich/Otterstedt: Menschen brauchen Tiere., S. 139/140.

7 Mögliche Einsatzfelder der Tiergestützten Intervention

7.1 Offene Kinder- und Jugendarbeit

Die allgemeinen Ziele der Offenen Kinder- und Jugendarbeit basieren auf den gesetzlichen Grundlagen, wie sie in §§1 und 11 des Sozialgesetzbuches VIII, Kinder- und Jugendhilfegesetz, formuliert sind. Zu diesen Zielen gehören: Persönlichkeitsentwicklung, Entwicklung von Sozialkompetenzen, Bildung, Beteiligung, Prävention. Für die tiergestützte Arbeit in der offenen Kinder- und Jugendarbeit spricht, dass ein Tier die Attraktivität der Einrichtungen steigert und die Angebotsvielfalt erhöht. Die Kinder werden zu Aktivitäten motiviert und es entstehen neue soziale Lernfelder. Der Einsatz eines Tieres soll die erfolgreiche Umsetzung der Ziele der Sozialen Arbeit unterstützen. Ein Hund zum Beispiel kann bei der Entwicklung von Sozialen Kompetenzen helfen. Durch den Einsatz des Hundes werden die Kinder und Jugendlichen in der Gruppe motiviert, etwas gemeinsam zu tun. Zur erfolgreichen Umsetzung der Ziele der Gruppe ist eine positive und konstruktive Kommunikation unabdingbar. Der Hund spiegelt dabei die Prozesse durch sein Verhalten und hilft so, die Entwicklung bis hin zur Problemlösungen zu steuern.

Im Bereich Bildung und Persönlichkeitsentwicklung kann ein Tier helfen Durchsetzungsvermögen, Ausdauer, Selbstvertrauen, Verantwortungsbewusstsein und Mitgefühl zu entwickeln oder auszubauen. Die Kinder und Jugendlichen gewinnen Sicherheit in ihrer nonverbalen und verbalen Ausdrucksweise und lernen die Wirkung von Aktionen und Interaktionen mit und durch das Tier einzuschätzen. Die Zielgruppe in der Offenen Kinder- und Jugendarbeit für die tiergestützten Angebote sind Kinder und Jugendliche, die auf freiwilliger Basis an dem Angebot teilnehmen sowie interessierte Eltern und Bezugspersonen. Die allgemeinen Prinzipien der offenen Kinder- und Jugendarbeit wie „Partizipation", „Freiwilligkeit", „Integration", „Alltags- und Lebensweltorientierung", „Gruppenorientierung" und „Förderung der Selbstkompetenzen" finden Anwendung in der Tiergestützten Arbeit. Mögliche Angebote sind zum Beispiel: Zirkusarbeit mit dem Tier, Erlernen des richtigen Umgangs mit dem Tier oder ein Kochkurs zum Backen von Tier Leckerli.[131]

---

[131] Vgl. Kirchpfening, S.84-89.

7.2 Aufsuchende Jugendarbeit / Streetwork

Die Aufsuchende Jugendarbeit basiert auf der gesetzlichen Grundlage des §13 KJHG, SGB VIII. Dies ist ein Angebot für Kinder und Jugendliche, die von Benachteiligung und sozialer Ausgrenzung bedroht oder betroffen sind. Das zentrale Element der aufsuchenden Jugendarbeit ist der freiwillige Zugang zu Kindern und Jugendlichen im öffentlichen Raum. Dabei wird die ganze Bandbreite der Sozialen Arbeit mit ihrer Methodenvielfalt in Begleitung und Beratung benötigt. Die Kontaktaufnahme ist meist durch neue Situationen geprägt. Die nicht ein planbaren Faktoren der Situationen lassen den Hund als Tierischen Begleiter in den Einsatz kommen. Die Hauptziele der aufsuchenden Arbeit sind abgestimmt auf die Lebenssituation der Klienten und vor allem in der individuellen Hilfe zur Selbsthilfe zu sehen. Der Hund fungiert als "Eisbrecher", um mit neuen Klienten ins Gespräch zu kommen. Ein Hund erhöht die Aufmerksamkeit gegenüber dem Sozialarbeiter im öffentlichen Raum. Ein Hund kann für den Sozialarbeiter eine psychische Entlastung im Arbeitsalltag sein. Der Hund muss von Welpe an auf seinen Einsatz trainiert werden. Der Einsatz des Hundes soll die Umsetzung der Ziele der Sozialen Arbeit unterstützen. Der Hund soll dabei folgende Wirkungen erzielen:

- Erleichterung des Erstkontakts durch einen neutralen „Gesprächsstoff"
- Empathie und Aufmerksamkeit für den Streetworker
- Wiedererkennungseffekt
- Stressreduzierung und Aggressionsminderung bei den Klienten
- Arbeitszufriedenheit, höhere Frustrationstoleranz beim Streetworker
- zusätzliche attraktive Freizeitmaßnahmen mit Hund für die Klienten

Mögliche Angebote in der hundegestützten Sozialen Arbeit sind je nach verfügbaren Ressourcen und Bedarf zum Beispiel Cliquenarbeit, Einzelarbeit und Projektarbeit.[132]

7.3 Jugendsozialarbeit an Schulen

In der Jugendsozialarbeit an Schulen gelten die gesetzlichen Grundlagen der Jugendarbeit und Jugendhilfe, insbesondere §13 KJHG, SGB VIII. Die Hauptaufgabe ist die sozialpädagogische Betreuung und Begleitung von Schülern, die von sozialen Belastungen oder von sozialer Benachteiligung und Ausgrenzung betroffen oder bedroht sind. Die Schwierigkeit in diesem Bereich liegt in den unterschiedlichen

---

[132] Vgl. Kirchpfening, S.93-97.

Meinungs- und Entscheidungsträger die auf verschiedenen Ebenen agieren. Dazu gehören zum Beispiel das Ministerium, das Schulamt, das Lehrerkollegium, die Erziehungsberechtigten und der Träger der Jugendsozialarbeit. Ein Tier in der Schule hilf bei der Förderung von Sozialen Kompetenzen, Motorik und Bewegung sowie der emotionalen Entwicklung. Die Schüler bauen Selbstvertrauen auf und lernen Verantwortung für das Tier zu übernehmen. Dabei wird das Kooperationsverhalten innerhalb der Klasse verbessert. Der Einsatz zum Beispiel von einem Hund, kann bei sportlichen Aktivitäten, die Freude an der Bewegung vermitteln und die Kinder motivieren mitzumachen und durchzuhalten. Der Kontakt zum Tier kann eine positive emotionale Grundstimmung schaffen, die die Lern- und Kooperationsbereitschaft fördert. Im Miteinader und gemeinsamen Erleben stärken sich die sozialen Beziehung in der Gruppe. Mit Hilfe von erlebnispädagogischen Ansätzen können Tendenzen zu Ausgrenzung, Mobbing und Gruppenspaltung entgegengewirkt werden. Mögliche Angebote der tiergestützten Sozialarbeit in der Schule sind zum Beispiel Projektarbeiten im Bereich der Unfallverhütung oder zum richtigen, artgerechten Umgang mit dem Tier sowie auf Freizeit- und Erlebnispädagogik basierte AGs, in denen die Inhalte, weitgehend von den teilnehmenden Kindern und Jugendlichen bestimmt werden. Ein wöchentliches Angebot im Klassenverband ist ebenfalls möglich. Mögliche Themen wären hier: Übungen zur Verbesserung der Kommunikation, Regeln erarbeiten und diskutieren und Achtsamkeit im Umgang untereinander und mit dem Tier erlernen.[133]

7.4 Kindertagesbetreuung

Die gesetzliche Grundlage der Betreuung und Förderung von Kindern in Tageseinrichtungen findet sich in KJHG §22,1 SGB VII:

> „In Kindergärten, Horten und anderen Einrichtungen, in denen sich Kinder für einen Teil des Tages oder ganztags aufhalten (Tageseinrichtungen), soll die Entwicklung des Kindes zu einer eigenverantwortlichen und gemeinschaftsfähigen Persönlichkeit gefördert werden."[134]

Ziel des Einsatzes eines Tieres in einer Kindertagesbetreuung sind die in §22 KJHG, SGB VIII genannten Kompetenzen ''Eigenverantwortliche und gemeinschaftsfähige Persönlichkeit''.[135]

---

[133] Vgl. Kirchpfening, S.98-101.
[134] Kirchpfening, S 101.
[135] Ebd., S 102.

Alle Kinder, die die Tageseinrichtung besuchen und deren Eltern keine Einwände gegen den Einsatz eines Tieres haben, dürfen an den Angeboten teilnehmen. Ein dauerhafter Einsatz eines Tieres ist nur bedingt in einer Kindertagesbetreuung zu empfehlen. Die Voraussetzung für den Einsatz eines Tieres ist, dass die Akteure in der Lage sind, den artgerechten Umgang mit dem Tier zu verstehen und zu erlernen. Bei Kindern unter 3 Jahren ist dies nicht möglich zu erreichen. Bei Kindern unter 6 Jahren ist dies ebenfalls nur bedingt zu erreichen. Das Risiko von Missverständnissen ist groß und stellt ein Gefahrenpotential dar. Mögliche Angebote in einer Kindertagesbetreuung sind sowohl in der Gruppe als in der Einzelarbeit möglich. In der Gruppenarbeit begleitet zum Beispiel ein Hund die Fördermaßnahmen und sozialen Aktivitäten in der Gruppe. Der Hund wird punktuell zu Lerneinheiten und Aktivitäten dazu geholt. Zum Beispiel zu Entspannungsübungen. Gruppenübergreifende Angebote und Projektarbeit sind mit dem Tagesablauf der anderen Gruppe abzustimmen. Möglich wären Ausflüge oder Aktivitäten im Freigelände. Im Rahmen der Einzelarbeit können spezielle Fördermaßnahmen für einzelne Kinder, die besonderen sozialen und familiären Belastungen ausgesetzt sind, angeboten werden.[136]

7.5 Einrichtungen der Kinder- und Jugendhilfe

Zu den Einrichtungen der Kinder- und Jugendhilfe gehören dauernd oder punktuell betreute sozialpädagogische Wohngruppen, Einzelwohnformen und Heime zur dauerhaften Unterbringung von Kindern und Jugendlichen mit belasteten Biografien.[137]

Die Kinder und Jugendliche sind an ein multiprofessionelles Team gebunden, um Belastungen, Defizite und Gefährdungen abzubauen. Der Einsatz eines Tieres sorgt dafür, dass die Gruppe anteilig Verantwortung für das Tier zu übernehmen hat. Die Lernziele können dabei von einer erlebnisorientierten Kooperation untereinander bis hin zum Treffen und Einhalten von Vereinbarungen und Absprachen reichen. Die Ziele definieren sich nach den in den Konzeptionen der Einrichtung und den Globalzielen die sich aus dem §34 KJHG ableiten lassen wie: Persönlichkeitsbildung in Richtung Selbstbestimmung, Selbststeuerung und erfolgreiche Alltagsbewältigung.

---

[136] Vgl. Kirchpfening, S.102-104.
[137] Vgl. §34 Kinder- und Jugendhilfegesetz, SGB VII.

Die Möglichkeit für Konzepte im Bereich der Kinder- und Jugendhilfe sind sehr vielfältig und reichen von temporären Angeboten bis hin zu einem Haustier in der Wohngruppe.[138]

---

[138] Vgl. Kirchpfening, S.104-107.

8 Tiere in der Arbeit mit verhaltensauffälligen Kindern

Wenn Kinder mit Tieren aufwachsen, können sie, so Studien zur Folge, ihr Einfühlungsvermögen, Mitgefühl und Verantwortungsbewusstsein besser entwickeln.[139] Erhard Olbrich stellt die These auf, dass „*Tiere in allen Stadien der kindlichen Entwicklung zur Verbesserung von Kompetenzkognitionen des Kindes beitragen können.*"[140]

Olbrich weist auf die unterschiedlichen Entwicklungsstadien eines Kindes beziehungsweise Jugendlichen hin: Urvertrauen: Das empathische Miteinander überwiegt. Autonomie: Ab dem zweiten Lebensjahr variiert die Wahrnehmung der Umwelt. Das Kind beginnt sich kontrolliert zu bewegen. Dieses kann auch das Spiel mit dem Tier prägen (Fell anfassen, loslassen). Initiative: Im dritten bis fünften Lebensjahr kommen Fragen wie, ′Was ist das?′ auf. Erkunden der Umgebung, von Gegenständen und Lebewesen (zum Beispiel das Tier als Wesen, vor allem die Details wie Nase, Maul, Fell, etc.) stehen in dieser Phase im Vordergrund. Fleiß: Sechs- bis zwölfjährige Kinder erleben das Tier als ein Wesen, welches adäquate Reaktionen auf das Verhalten des Kindes findet. Das Tier reagiert zum Beispiel mit Desinteresse, Interesse oder Bestätigung. Das Kind erfährt die erste Konsequenzen seines eigenverantwortlichen Handelns. Fleißige Versorgung und Zuwendung zum Tier werden belohnt. Das Kind erfährt durch die Bestätigung des Tieres, dass es im konkreten (im sinnlich erfahrbaren und motorischen) Bereich etwas bewirken kann. Identität: In dieser Phase geht es um die eigene Identitätssuche. Jugendliche können die Qualität ihrer Kompetenzen weiter entwickeln und bestärken. Das Tier fordert verantwortliches Handeln und eine individuelle Endscheidungskompetenz.[141]

Tiere werden bereits in verschieden Therapiekonzepten für Kinder und Jugendliche eingesetzt. Die therapeutische Begleitung durch ein Tier berücksichtigt dabei immer auch die kindliche Entwicklung.

In den ersten Lebensjahren steht das Empathische Miteinander und das einfache Verstehen zwischen Mensch und Tier (zum Beispiel über Körpersprache) im Vordergrund. In der Schulzeit geht es um die Förderung von bewusst gesteuerten Handlungen und Reflexionen des eigenen Verhaltens (mit allen Sinnen und Einsatz der Motorik) sowie des Erfahrens des Ursache-Wirkungs-Prinzips und dessen individueller Bewertung. In der Jugend ist die Entwicklung der Individualität

---

[139] Otterstedt: Tiere als therapeutische Begleiter, S.46.
[140] Ebd. S.46.
[141] Ebd. S.46-49.

präsent. Aktion und Diskussion im sozialen Umfeld, Gestaltung der individuellen kurz- und mittelfristigen Zukunft und schöpferisches Handeln spielen ebenfalls eine Rolle.[142]

Im Kontakt und im Spiel können Kinder und Jugendliche sich während ihres Aufenthalts in einer Kinder- und Jugendpsychiatrie für eine Psychotherapie öffnen. Die Kinder und Jugendlichen finden in dem Tier einen therapeutischen Begleiter, der einen alternativen Zugang zu ihren körperlichen, seelischen und sozialen Bedürfnissen ermöglicht. [143]

Die Zahl der Kinder und Jugendlichen, die in ihren Familien nicht die Geborgenheit, Liebe und Förderung erfahren, die sie brauchen, um eine stabile, gesunde Persönlichkeit zu entwickeln, wird immer größer. Die Gründe dafür sind vielfältig und liegen zum Beispiel in der wachsenden Scheidungsquote, Berufstätigkeit beider Elternteile oder die Not, eine angemessene Wohnung finden und bezahlen zu können. Die starken Verarmungstendenzen von Gruppen am unteren Rand der Gesellschaft und das Schicksal, ein Leben am Existenzminimum zu führen, welches immer mehr Individuen betrifft, trägt maßgeblich dazu dabei. Viele Eltern sind schlichtweg mit der Erziehung ihrer Kinder überfordert, weil sie mit ihrem eigenen Leben nicht zurechtkommen. Die Unterbringung eines Kindes oder Jugendlichen in einer betreuten Wohnform ist eine sehr weitgehende Interventionsform, die nur wenn notwendig eingesetzt wird.[144]

Als Ziele der Erziehung im Heim definiert die Jugendhilfe unter anderem die Förderung und Stabilisierung des Alltags, die Durchbrechung verfestigter, gesellschaftlich negativ bewerteter Verhaltensmuster sowie eine emotionale Entlastung und Stabilisierung durch ein >zweites Zuhause<.[145]

Diese großen und zunächst abstrakt klingenden Zielen können nur erreicht werden, wenn man eine Fülle von früheren Fehlentwicklungen bei den Kindern und Jugendlichen rückgängig macht beziehungsweise diese abschwächt. Die Kinder zeigen durch ihre physischen und psychischen Verletzungen Störungen in Bewegungsablauf, sind entweder zu träge oder hyperaktivhaben Koordinationsschwierigkeiten beim Rennen und Hüpfen und können sich schlecht ausdrücken. Sowohl die nonverbalen als verbalen Kommunikationsfähigkeiten sind nicht ausreichend

---

[142] Otterstedt: Tiere als therapeutische Begleiter, S.49/50.
[143] Ebd., S.50.
[144] Vgl. Greiffenhagen/ Buck-Werner, S.188/189.
[145] Greiffenhagen/Buck-Werner, S.190.

entwickelt. Fast alle Kinder und Jugendlichen haben Verhaltensauffälligkeiten und ecken im Kontakt mit ihrer Umwelt an.

Die Erziehung im Heim muss den Kindern sowohl Lust machen als auch ein ganz neues Leben zeigen. Entsprechend der vielen verschieden Defizite, die Kinder und Jugendliche in stationären Jugendhilfemaßnahmen mitbringen, müssen sehr viele unterschiedliche pädagogische und therapeutische Konzepte eingesetzt werden. Die Kinder und Jugendlichen, die schlechte Erfahrungen mit Erwachsenen gemacht haben, sind durch Erzieher und Psychologen zunächst schwer zu erreichen. Tier wirken in dieser belastenden Situation oft erfolgreich als Eisbrecher.[146]

Fortschrittliche Einrichtungen wie das Basler Erziehungsheim Klosterfichten waren damals häufig, wie kleine Bauernhöfe angelegt, in denen Tierpflege erzieherisch eingesetzt wurde. In den siebziger Jahren des letzten Jahrhunderts entstand in Dortmund ein ähnliches Beispiel eines städtischen Heims.[147]

> „Tiere sind wesentliche Elemente unserer pädagogischen Arbeit" schrieb Rolf Podgornik, einer der Initiatoren des Heims, 1974. Er bot diese Begründung dafür: >>Alles ist gut, was den Kindern Freude macht und sie veranlasst, gern im Heim zu sein. Da die emotionalen Beziehungen im zwischenmenschlichen Bereich erheblich gestört sind, bietet die Begegnung mit den Tieren eine Fülle von Ersatzbefriedigungen. Dass es Ersatz bleibt, ist klar; es schadet aber nichts, wenn man es nicht übertreibt. Letztlich muss alles auf Umwegen dem Zweck dienen, die Kinder so zur Realität zu führen, dass sie sich auf diesen Weg nicht gezwungen fühlen. Man muss lustspendende Bereiche schaffen, in denen die Kinder zugleich lernen, autonome Entscheidungen zu treffen."[148]

„Tiere sind wundersame Therapeuten", sagt Rudolf Reinwald, der Leiter des Kinderheims St. Marien in Pettstadt bei Bamberg.[149]

Im Oberfränkischen Dorf Vorra leben seit 2002 zehn Kinder und Jugendliche in einer Außenwohngruppe, die in ihrem pädagogisch-therapeutischen Konzept stark auf die Wirkung von Tieren setzt. Alle Kinder und Jugendlichen die in der Einrichtung leben, wuchsen ohne eine verlässliche Bezugsperson auf. Dies hat zur Folge, dass die Kinder und Jugendlichen scheu, misstrauisch und gehemmt oder extrem aggressiv sind. Das Ziel ist es, den Kindern und Jugendlichen dabei zu helfen, wieder in ein normales Leben zurück zu finden. Die Tiere werden dabei als besonders

---

[146] Vgl. Greiffenhagen/Buck-Werner, S.190/191.
[147] Vgl. Greiffenhagen/ Buck-Werner, S.187.
[148] Greiffenhagen/Buck-Werner, S.187.
[149] Greiffenhagen/Buck-Werner, S.188.

hilfreich und stabilisierend betrachtet.150 Die Kinder, die gegenüber Menschen gewöhnlich ein starkes Misstrauen zeigen, öffnen sich den Tieren sehr viel leichter.151 Die Kinder und Jugendlichen lernen Verantwortung für die ihnen anvertrauten Tiere zu übernehmenDie Kinder und Jugendlichen werden von den Tieren nie zurückgestoßen, sie lernen, neues Vertrauen zu schöpfen, das sie im Laufe der Zeit lernen auf ihre Bezugspersonen im Kinderheim und letztendlich auf andere Menschen zu übertagen.[152]

8.1 Green Chimneys –ein Vorbild für Tiergestützte Therapie mit Kindern und Jugendlichen

Ein berühmtes Beispiel für tiergestützte Pädagogik und Therapie auf dem Feld der Erziehungshilfe ist Green Chimneys, eine Farm im Staat New York, die ihren Namen dem grün angestrichen Kamin verdankt. In den vierziger Jahren des letzten Jahrhunderts wurde dort eine Internats- und Tagesschule gegründet. Bis heute bietet Green Chimneys eine ganzheitliche Hilfe für Kinder aus sozialen Brennpunktgebieten der Stadt. Andrea Beetz, eine Psychologin, die sich seit Jahren wissenschaftlich mit der Beziehung von Menschen und Tieren befasst, hat das theoretische Konzept und die praktische Arbeit der Farm als »Vorbild für tiergestützte Therapie mit Kindern und Jugendlichen« beschrieben. Green Chmineys bietet den Kindern und Jugendlichen Unterstützung und Hilfe, die mit Lebensgeschichten in die Einrichtung kommen , die durch Vernachlässigung, sexuellen, physischen und emotionalen Missbrauch geprägt sindÜber 380 Tiere sind Teil der Farm und helfen den Kindern und Jugendlichen dabei ihre Situation zu verbessern, indem sie ihnen Vertrauen, Geduld und bedingungslose Liebe entgegenbringen, während sie selbst dabei gut versorgt werden. Die Kinder und Jugendlichen bleiben im Durchschnitt 28 Monate auf der Farm. Ungefähr 60 Prozent der Kinder und Jugendlichen kehren danach sogar in ihre ursprungs Familie zurück. Zur Überprüfung der Erfolge wurde 1996 eine Studie anhand von Daten ehemaliger durchgeführt. Es stellte sich heraus, dass im Vergleich zur Eingangsbeurteilung, am Ende der Therapie bei den Kindern und Jugendlichen im Durchschnitt ein Anstieg bei Werten, die das allgemeine Funktionsniveau darstellen, zu verzeichnen gab.

---

[150] Vgl. Greiffenhagen/Buck-Werner, S.188.
[151] Greiffenhagen/Buck-Werner, S.188.
[152] Vgl. Greiffenhagen/Buck-Werner, S.188.

Die positiven Erlebnisse und Veränderungen, die die Kinder von Green Chimneys mit in ihr Leben nehmen, spiegeln sich auch darin wieder, dass viele der Ehemaligen noch später als Besucher auf der Farm vorbei sehen. [153]

8.2 Fünf Eckpfeiler der Therapie in Green Chimneys

Die folgenden fünf Eckpfeiler der Therapie machen Green Chimneys zu einem so außergewöhnlichen Programm:

1.) Die Verbindung mit Tieren

Emotional dysfunktionalen Kindern wird die Pflege und Verantwortung für das Wohl eines Tieres anvertraut. Dies ermöglicht dem emotional traumatisierten Kind, wieder eine Verbindung zu einem Lebewesen einzugehen, wieder die Sorge um andere zu lernen, erneut fähig zu sein, sich um andere zu kümmern, sich erfolgreich zu fühlen und wieder eine Basis für emotionale Beziehungen herzustellen.

2.) 360 Grad intensive Milieutherapie

Das ganzheitliche Umfeld kombiniert Programme für Langzeitaufenthalte, Tagesschüler, Gruppenheime, usw. Es kombiniert außerdem Teams von Psychiatern, Psychologen, Sozialarbeitern, Erzieher, Lehrern, usw. Den Kindern und Jugendlichen wird ermöglicht sich auf das Leben in ihrer Ursprungsfamilie oder in die Selbstständigkeit vorzubereiten und ein wertvolles Mitglied der Gesellschaft zu werden.

3.) Ein beschleunigtes Zusammentreffen mit anderen Menschen

Green Chimneys vermischt absichtlich seine Bewohner mit vielen Besuchern, Tieren, Praktikanten, Beratern, usw., um in einem vorsichtigen Prozess auf das ganz normale Leben hin zu führen. Den Kindern und Jugendlichen wird ermöglicht, ihre Fähigkeit, sich auf andere Menschen einzulassen, schneller auszubauen, sich schneller in einer Gemeinschaft zu engagieren und das Gefühl, versagt zu haben, hinter sich zu lassen.

4.) Der Aufbau von Werten

Die Betreuer der Farm lernen ein Evulations- und Bewertungssystem, das vor allem zuerst die Stärken der Kinder und Jugendlichen identifiziert und hervorhebt. Die besonderen Qualitäten jedes einzelnen Kindes werden versucht ausfindig zu

---

[153] Beetz Andrea: Green Chimneys – Ein Vorbild für tiergestützte Therapie mit Kindern und Jugendlichen., in: Olbrich/Otterstedt: Menschen brauchen Tiere, S.411- 416.

machen, um auf diesen aufzubauen und dem Kind beziehungsweise Jugendlichen das Gefühl zu vermitteln, etwas wert zu sein. Man sollte immer nach den Stärken eines Kindes beziehungsweise Jugendlichen suchen, als sich auf die Probleme, die meist offensichtlich sind, zu konzentrieren.

5.) Frühzeitige Wiederherstellung

Green Chimneys ist auf Kinder im Alter von fünf bis zwölf Jahren spezialisiert. Für diese Kinder soll die Farm nicht die letzte Möglichkeit, sondern die frühe Rettung sein. Bei älteren Jugendlichen haben sich die Probleme oft schon verfestigt und die Therapie dauert meist länger als bei jüngeren Kindern.

Die Therapie in Green Chimneys stellt damit einen vorbildlichen Ansatz dar, mit der Hilfe von Tieren, in einer ländlichen Umgebung und mit gut ausgebildetem, interdisziplinären Teams von Betreuern, die Stärken eines Kindes hervorzuheben. Die Kinder sollen gestärkt aus dem Heim kommen, Vertrauen in sich selbst und andere Menschen haben und den Umgang mit ihren emotionalen und sozialen Problemen meistern können.

zu stärken und ihnen vor allem aber Vertrauen in die Menschen und sich selbst zu geben und den Umgang mit ihren emotionalen und sozialen Problemen zu meistern. [154]

8.3 Ziele Tiergestützter Arbeit mit verhaltensauffälligen Kindern

Sobald die Kinder und Jugendlichen Vertrauen zu den Tieren gefasst haben, sind sie für erzieherische Konzepte der menschlichen Helfer eher zugänglich. Charlotte Hübsch zeig in ihrer Diplomarbeit an der Evangelischen Fachhochschule Nürnberg mit dem Titel >>Kinder- und Jugendhilfe mit Kuh, Katz und Co. Das Tier im Kontext erzieherischer Hilfen<<, warum die Indikation von Tieren in der Arbeit mit verhaltensauffälligen Kindern besonders wertvoll sein kann.[155] Am Beispiel der Jugendhilfeeinrichtung Martin-Luther-Haus in Nürnberg zeigt sie die Ziele, die in der Arbeit mit den Tieren im erzieherischen Kontext erreicht werden können. Sie unterscheidet dabei zwischen einer:

---

[154] Vgl Beetz Andrea: Green Chimneys – Ein Vorbild für tiergestützte Therapie mit Kindern und Jugendlichen., in: Olbrich/Otterstedt: Menschen brauchen Tiere, S.116- 418.
[155] Hübsch Charlotte: Kinder- und Jugendhilfe mit Kuh, Katz & Co. Das Tier im Kontext erzieherischer Hilfen, Theoretische und konzeptionelle Überlegungen am Beispiel der Jugendhilfeeinrichtung Martin-Luther-Haus in Nürnberg. Diplomarbeit. Evangelische Fachhochschule Nürnberg, 2001, in: Greiffenhagen/Buck-Werner, S.191.

Förderung der Kinder im emotionalen Bereich:

Überwindung von Ängsten; Abbau und Steuerung von Aggressionen, Sensibilisierung für emotionale Nähe und Berührung, Einfühlungsvermögen sich selbst, anderen und Tieren gegenüber; Vermittlung von Erfolgserlebnissen und Stärkung des Selbstbewusstseins durch Konstruktivität; Steigerung der Selbstwahrnehmung und der differenzierten Wahrnehmung der Sinne;

Förderung im sozialen Bereich:

Aufbau von Beziehungsfähigkeit im gemeinsamen Umgang mit den Tieren; Entwicklung und Stärkung von Verantwortungsbewusstsein für die anderen Kinder und Tiere durch Übernahme von Aufgaben und Pflichten; Erlernen und Einüben sozialer Kooperationsfähigkeit in der gemeinsamen Arbeit mit dem Tier, zum Beispiel zusammenarbeiten und sich gegenseitig helfen; angemessener und rücksichtsvoller Umgang mit anderen Lebewesen; Zuverlässigkeit;

Förderung im motorischen Bereich:

Körperliche Entspannung durch den Kontakt mit dem Tier; gezieltes positives Ausleben von Bewegungsdrang und gesteigerter Aktivität; Verbesserung der Grob- und Feinmotorik sowie der Koordinationsfähigkeit im körperlichen Einsatz;

Förderung im arbeitserzieherischen Bereich:

Regelmäßigkeit, Pünktlichkeit, Ordentlichkeit; Geschicklichkeit im Umgang mit Werkzeugen; Erfassen von Arbeitsabläufen und Zusammenhängen, Teamwork; schonender Umgang mit Werkzeug und Futtermitteln; Verbesserung der Konzentrationsfähigkeit und des Durchhaltevermögens für eine Sache;

Förderung im bildenden Bereich:

Anschauliche und authentische Vermittlung von Naturerleben als wichtige Ergänzung zu Medienerlebnissen wie Fernsehen und Computer; Vermittlung umweltpädagogischen Wissens und Erlebens von unterschiedlichen Lebensformen und ihre Respektierung, zum Beispiel von Versorgung, Pflege und Ernährung von Tieren bis hin zu existenziellen Erlebnissen mit Geburt und Tod von Tieren.[156]

Vor diesem Hintergrund werden die Erfolge plausibel, von denen Pädagogen, Sozialarbeiter und Psychologen immer wieder berichten, die verhaltensauffällige Kinder und Tiere zusammen bringen. Charlotte Hübsch kommt in ihrer Fallstudie zu

---

[156] Vgl. Hübsch, 2001, S.39 ff.

dem Schluss, dass alle Kinder durch die Tiere im erzieherischen Alltag in den genannten Bereichen nachhaltig gefördert werden konnten; besonders beeindruckend seien jedoch die Lernprozesse im emotionalen und sozialen Bereich.[157] Heimleiter Reinwald fasst die Beziehung zwischen den Kindern, Jugendlichen und Tieren wie folgt zusammen:

> „Tiere brauchen mich, ich muss für sie sorgen. Sie bringen mich zum Lachen, ich kann mit ihnen schmusen. Sie urteilen nicht über meine Misserfolge. Und sie helfen mit, meine Gefühle zu zeigen. Vor allem aber: Sie sind eine konstante Bezugsperson in meinem Leben."[158]

Die Kinder haben in ihren Familien erlebt, dass sie im Stich gelassen werden. Die Bezugspersonen in betreuten Wohnformen wechseln häufig. Die Tiere dagegen bleiben für lange und die Kinder können zu ihnen eine stabile Beziehung aufbauen. Viele betreute Wohnformen binden Tiere wie Katzen und Hunde in ihren Alltag mit ein- Allerdings besteht nicht überall ein klares Konzept, dass in den erzieherischen Alltag integriert wird. Die Tiere bringen auch positive Effekte, wenn sie einfach, nur, für die Kinder da sind. Besondere Effekte lassen sich erwarten, wenn das Tier als Copädagoge oder Cotherapeut gezielt und systematisch agiert zum Beispiel bei Reittherapien oder durch andere tiergestützte pädagogische Angebote.[159]

---

[157] Vgl. Ebd. S.58 f.
[158] Süddeutsche Zeitung, 7.6.2002.
[159] Vgl. Greiffenhagen/Buck-Werner, S.192.

9 Kritische Aspekte

Mit Regelmäßigkeit wird als Argument gegen den Einsatz von Tieren das Infektionsrisiko von Menschen und das Tierwohl angeführt. Ebenso gibt es Kritik an der Mangelnden Begriffsdefinition der Tiergestützten Intervention sowie dem Mangel an einem einheitlichen Ausbildungsstand und den Bedenken im Bereich des Tierschutzes. Diese Aspekte werden im folgenden näher betrachtet.

9.1 Hygiene

Bei Menschen die aufgrund einer Vorerkrankung ein geschwächtes Immunsystem haben, bedarf es vor einer Tierbegegnung einer Abklärung. In jedem Fall ist es wichtig, dass die Tiere artgerecht versorgt sind und alle nötigen Vorsorgemaßnahmen, wie Impfungen und prophylaktische Behandlungen gegen Flöhe und Zecken durchgeführt werden. Durch das befolgen der Verhaltensregeln im Umgang mit den Tieren, wird das Verletzungsrisiko, zum Beispiel durch kratzen und das Infektionsrisiko, zum Beispiel durch das Vermeiden von Kontakt mit Urin und Kot sowie stetigem Hände waschen nach dem Tierkontakt weitgehendst minimiert. Kommt es jedoch zu Verletzungen, spült man diese unter fließendem kalten Wasser ab und desinfiziert diese im Anschluss.[160] Krankheiten, die durch Krankheitserreger tierischen Ursprungs auf Menschen übertragen werden, nennt man Zoonosen.[161] Viele Tierarten können zum Beispiel, bei direktem Kontakt Hautpilze auf den Menschen übertragen. Doch auch die Menschen bergen, dass gleiche Risiko, diese Krankheit aufs Tier zu übertragen. Viele der Zoonosen, müssen bei Verdachtsfall diagnostisch abgesichert werden und sind nach dem Bundesseuchen-Gesetz meldepflichtig.[162] Das Risiko einer zoonotischen Infektion ist definitiv geringer zu bewerten, als die zahlreichen positiven emotionalen und gesundheitlichen Wirkungen, die Haustiere auf Menschen haben.[163]

---

[160] Vgl. Otterstedt: Tiere als therapeutische Begleiter, S.124/125.
[161] Greiffenhagen Sylvia/Buck-Werner Oliver N.: Tiere als Therapie, Mürlenbach: Kynos-Verlag, 2007, S.210.
[162] Greiffenhagen/Buck-Werner, S.211.
[163] Greiffenhagen/Buck-Werner, S.232.

9.2 Begriffsdefinition Tiergestützte Intervention

Die Begrifflichkeit im deutschsprachigen Raum ist weder offiziell festgelegt noch findet sich eine einheitliche Terminologie in der Literatur. Das Wort „tiergestützt„ bedeutet, dass es sich bei der Tiergestützten Intervention noch nicht um eine eigenständige, unabhängige Arbeitsmethode handelt. Dementsprechend vielfältig sind die benutzten Begriffe in der Literatur.[164]

9.3 Ausbildung

Es gibt offiziell keine curricular anerkannte festgelegte Ausbildung. Es bestehen Meinungsverschiedenheiten darüber, mit welchen Grundlagenqualifikationen (Sozialarbeiter, Pädagoge, Therapeut,..), welche Zusatzqualifikation erworben werden muss, um auf der Basis seiner Grundqualifikation tiergestützt arbeiten zu dürfen.[165] Kirchpfening formuliert wie folgt: *„Jeder Mensch könnte derzeit mit einem Hund im Sozial- und Gesundheitswesen auftreten und Angebote machen. Sei es im therapeutischen, pädagogischen oder sozialpädagogischen Bereich."*[166]

9.4 Tierschutz

Tiere in menschlicher Obhut haben einen Anspruch auf tierschutz- und tierartgerechte Behandlung. Dies auch und besonders dann, wenn sie für uns arbeiten.[167] Der Paragraph 11 des Tierschutzgesetz, besagt, dass wer gewerbsmäßig mit Tieren arbeiten will, einer Erlaubnis der zuständigen Behörde bedarf. Für das Zurschaustellen der Tiere an wechselnden Orten bedarf es einem gesonderten Antrag.[168] Alle Beteiligten müssen die Würde des Tieres anerkennen und nur Leistung erwarten, die auch erbracht werden kann. Neben dem Tierschutzgesetz sollten weitere Verordnungen und Empfehlungen wie zum Beispiel, besondere Regelungen bei Tiertransporten, Beachtung finden.[169]

---

[164] Vgl. Vernooij/Schneider, S.34.
[165] Ebd.
[166] Kirchpfening, S.14.
[167] Große-Siestrup Christian, in: Olbrich/Otterstedt: Menschen brauchen Tiere, S.115.
[168] Vgl. URL: https://www.gesetze-im-internet.de/tierschg/_11.html#:~:text=Wirbeltiere%2C%20die%20nicht%20Nutztiere%20sind,6., Abruf am 25.09.2020.
[169] Vgl. Olbrich/Otterstedt: Menschen brauchen Tiere, S. 115.

10 Fazit

Ein besonderes Problem im deutschsprachigen Raum stellte bisher die uneindeutige Begrifflichkeit der tiergestützten Intervention, die ihren Anfang in den 1970er Jahren fand, dar. Unterschiedlich verwendete Begriffe und Bezeichnungen sorgen für Verwirrung und Unsicherheit und führen zu Missbrauch, sowohl bezogen auf mangelnde Professionalität der Anbietenden sowie bezogen auf unangemessen hohe Preise für die Teilnehmenden. Man kategorisiert drei Hauptformen der Tiergestützten Intervention. Die Tiergestützte Aktivität, die Tiergestützte Pädagogik und die die Tiergestützte Therapie, wobei unter diesen Begriffen verschiedene, voneinander abzugrenzende Formen zu subsumieren sind. Als wesentliche Kriterien für die Abgrenzung erscheinen uns die Zielsetzung, die Voraussetzungen beim Anbietenden und dem Tier, Zeit und Dauer des Einsatz sowie Dokumentation und Ziel Evaluation beziehungsweise Zielkontrolle.[170]

Im Jahr 2006 wurden in Deutschland insgesamt 23,2 Millionen Heimtiere gehalten, davon 7,8 Millionen Katzen; 5,3 Millionen Hunde; 6,3 Millionen Kleintiere wie Meerschweinchen, Kaninchen und Hamster; 3,8 Millionen Vögel und ungezählte Fische. Ca. 50% der Tiere werden in Familien mit Kindern gehalten. Aber das Interesse an einem Tier wird auch bei Senioren und Singles immer größer. Der Trend zum Haustier ist ungebrochen. Der Heimtiermarkt gehört trotz wirtschaftlichen schwierigen Zeiten zu den wachsenden Märkten. Unabhängig von den individuellen wirtschaftlichen Verhältnissen, besteht der Kontakt zu einem Tier.[171]

Vielen Menschen fällt es leichter sich mit einem Tier auseinanderzusetzen, da diese nicht bewerten. Sie haben keine Vorurteile und stellen keine Bedingungen an ihren Dialogpartner. Sie kommunizieren ehrlich und situationsbezogen. Menschen mit geringem Selbstwertgefühl, können die Erfahrung machen bedingungslos angenommen zu werden, was sehr förderlich sein kann.

In der Literatur zeigt sich, dass Verhaltensauffälligkeiten und sozialemotionale Probleme oft mit Defiziten oder Verzögerungen in der allgemeinen Entwicklung einhergehen.[172] Gleichzeitig wird dieser Entwicklungsrückstand, als solcher im

---

[170] Vgl. Vernooij/Schneider, S.220.
[171] Vgl. Prothmann: Tiergestützte Kinderpsychotherapie. Theorie und Praxis der tiergestützten Psychotherapie bei Kindern und Jugendlichen., 2008.
[172] Vgl. Deimann P., Kastner-Koller U., Benka M., Kainz S. & Schmidt H.: Mütter als Entwicklungsdiagnostikerinnen: Der Entwicklungsstand von Kindergartenkindern im Urteil ihrer Mütter. Zeitschrift für Entwicklungspsychologie und Pädagogische Psychologie, 37 (3), 2005, 122-134.; Vgl. Tröster/Reinecke; Vgl. McClelland M.M., Cameron C.E., Connor C. McD., Farris C. L.,

Vergleich zu Gleichaltrigen, von den Eltern häufig nicht erkannt und wahrgenommen.[173] Das hat die Folge, dass Kinder mit Auffälligkeiten im Verhalten und sozialemotionalen Problemen, die eigentlich besonderer Aufmerksamkeit und Förderung bedürfen, diese von ihren Eltern nicht bekommen.

In den Medien und in der Öffentlichkeit ist immer häufiger von auffälligen Kindern und Jugendlichen die Rede. Sie sind hyperaktiv, können sich nicht konzentrieren, sind nicht zu steuern oder depressiv. Zu dieser Auswahl kommen noch viele weitere Begriffe, welche verhaltensauffälligen Kindern und Jugendlichen zugeschrieben werden. Laut der Chefärztin der Kinder- und Jugendpsychiatrie, Psychiatrische Dienste Solothurn, Barbara Wendel sind 10–15 % der Kinder und Jugendlichen verhaltensauffällig. Pro Klasse sind dies zwei bis drei Kinder, welche Verhaltensauffälligkeiten zeigen.[174] Diese Kinder und Jugendliche werden unter anderem in Bereichen der Kinder- und Jugendhilfe betreut und unterstützt und zählen somit auch zum Klientel der Sozialen Arbeit.

Die Verhaltensstörungen behindern die Entwicklungs-, Lern- und Leistungsfähigkeit Die Interaktionsfähigkeit mit den Mitmenschen leidet stark.

Die möglichen Folgen reichen von Ablehnung des Betroffenen bis hin zum Gefühl der Minderwertigkeit und der persönlichen Unzulänglichkeit. Die Unzufriedenheit des Betroffenen wächst, bis er schließlich resigniert und verzweifelt.

Ein verhaltensauffälliges Kind versucht dann meist durch störendes Benehmen, die ersehnte Aufmerksamkeit und Anerkennung zu erlangen.

Die Tiergestützte Intervention hat neben den physiologischen Wirkungen zum Beispiel auf Puls und Kreislauf auch psychische und soziale Wirkungen. Durch die unkritische Bewunderung und kontinuierliche Zuneigung des Tieres wird der positive Selbstwert und Selbstkonzept gefördert. Die Interaktion und der Aufbau einer Beziehung zum Tier stärken das Selbstbewusstsein eines Kindes. Ebenso kann das Tier auch Einfluss auf das Lernverhalten eines Menschen haben. Geistige und sprachliche Fähigkeiten werden durch Tiere gefordert und trainiert. Die Konzentrationsfähigkeit und das Durchhaltevermögen der Schüler werden verbessert. Ein

---

Jewkes A.M. & Morrison F. J.: Links between behavioral regulation and preschoolers' literacy, vocabulary, and math skills. Developmental Psychology, 43, 2007, 947-959.

[173] Vgl. Deimann./ Kastner-Koller/ Benka/ Kainz/ Schmidt.

[174] Vgl. Seifert, Elisabeth.: Pro Klasse haben zwei bis drei Kinder Verhaltensauffälligkeiten. Kinder- und Jugendpsychiaterin Barbara Wendel analysiert ein gesellschaftliches Phänomen unter https://www.watson.ch/Schweiz/Interview/656423317-«Pro-Klasse-haben-zweibis-drei-Kinder-Verhaltensauffälligkeiten», 2017.

Tier erzieht zu Ordnung, Pünktlichkeit, Regelmäßigkeit und (Selbst-)Disziplin. Die Kinder lernen dadurch Zusammenhänge und Arbeitsabläufe zu erfassen und mit anderen Kindern im Team zu arbeiten.

Die in Kapitel 5 erwähnte Bindungstheorie lässt sich auf die Mensch-Tier-Beziehung übertragen. Aufgrund dessen erwartet man, dass positive Bindungserfahrungen mit einem Tier möglicherweise ebenfalls auf die soziale Situation mit Menschen übertragen werden können. Durch den Kontakt mit Tieren wird die Rücksichtnahme selbstverständlich und automatisch geübt, sodass Kinder nicht mehr so große Schwierigkeiten haben, ihre eigenen Interessen zugunsten für jemanden anderen zurück zu stellen. Kinder haben die Chance, Bedürfnisse und Gefühle eines abhängigen Lebewesens wahrzunehmen und diese Erfahrungen im eigenen sozialen Verhalten umzusetzen.

Trotz all den genannten positiven Aspekten gibt es auch Kritische Aspekte in der Tiergestützten Intervention, die zu beachten sind. Zu diesen zählen unter anderem hygienische und tierschutzrechtliche Aspekte. Bevor die Methode der Tiergestützten Intervention zur Anwendung kommt, bedarf es immer einem Vorgespräch um mögliche Vorsorgemaßnahmen für zum Beispiel Menschen mit einer Hunde Haar Allergie oder einem geschwächten Immunsystem treffen zu können. Durch solche Vorerkrankungen besteht die Möglichkeit, dass nicht jeder Mensch an tiergestützten Interventionen teilnehmen kann. Das Risiko einer zoonotischen Infektion ist aber definitiv geringer zu bewerten, als die zahlreichen positiven emotionalen und gesundheitlichen Wirkungen, die Tiere auf Menschen haben.

Aufgrund von Meinungsverschiedenheiten darüber, mit welchen Grundlagenqualifikationen, welche Zusatzqualifikation erworben werden muss, um auf der Basis seiner Grundqualifikation tiergestützt arbeiten zu können gibt es keine offizielle curricular anerkannte festgelegte Ausbildung.

Tiere in menschlicher Obhut haben einen Anspruch auf tierschutz- und tierartgerechte Behandlung. Dies auch und besonders dann, wenn sie für uns arbeiten. Der Paragraph 11 des Tierschutzgesetz, besagt, dass wer gewerbsmäßig Tiere halten will, einer Erlaubnis der zuständigen Behörde bedarf. Alle Beteiligten müssen jederzeit die Würde des Tieres anerkennen und nur Leistung erwarten, die auch erbracht werden kann. Neben dem Tierschutzgesetz sollten weitere Verordnungen und Empfehlungen wie zum Beispiel, besondere Regelungen bei Tiertransporten, Beachtung finden.

Die Tiergestützte Intervention ist eine Methode, welche in der heutigen Zeit einen Aufwind erlebt und in der Sozialen Arbeit mit Kindern und Jugendlichen immer mehr eingesetzt wird. Die Methode wird in der Sozialen Arbeit immer beliebter und wird auch bei verhaltensauffälligen Kindern und Jugendlichen in stationären Bereichen eingesetzt.

Es bleibt zu hoffen, dass auch in Deutschland die vielfältigen Möglichkeiten und Chancen, die Tiergestützte Intervention bietet, auf der Basis fundierter theoretischer Konzepte vermehrt in der Praxis genutzt wird und im Zusammenhang mit der verbesserten Qualifikation der Anbietenden, als staatlich anerkannte Methode Anwendung finden kann.[175]

---

[175] Vgl. Vernooij/Schneider, S.222.

11 Literaturverzeichnis

Beck Alan/Katcher Aaron: Between Pets and People. The Impotance of Animal Companionship, West Lafayette, Indiana: Purdue University Press, 1996.

Bergler Reinhold: Warum Kinder Tiere brauchen, 2. Auflage, Freiburg im Breisgrau: Herder, 1994.

Borchert Johann: Handbuch für Sonderpädagogische Psychologie, Göttingen/ Bern / Toronto/ Seattle: Hogrefe, 2000.

Bryant Clifton D.: The Zoological Connection: Animal-Related Human Behavior, in: Social Forces, Vol.58, No.2.

Deimann, P., Kastner-Koller, U., Benka, M., Kainz, S. & Schmidt, H.: Mütter als Entwicklungsdiagnostikerinnen: Der Entwicklungsstand von Kindergartenkindern im Urteil ihrer Mütter. Zeitschrift für Entwicklungspsycholologie und Pädagogische Psychologie, 37 (3), 2005.

Fine: Handbook on Animal Assited Therapie.

Fitting Klaus/Saßenrath-Döpke Eva-Maria(Hrsg.): Pädagogik und Auffälligkeit. Impulse für Lehren und Lernen bei erwartungswidrigen Verhalten, Weinheim: Deutscher Studien Verlag, 1993.

Forschungskreis Heimtiere in der Gesellschaft (Hrsg.) (2006): Mensch&Tier (3).

Förster Andrea: Tiere als Therapie, Stuttgart: Ibidem, 2005.

Frömming Heiko: Die Mensch-Tier-Beziehung. Theorie und Praxis tiergestützter Pädagogik, Saarbrücken: Vdm Verlag Dr. Müller, 2006.

Greiffenhagen Sylvia/ Buck-Werner Oliver N.: Tiere als Therapie. Neue Wege in Erziehung und Heilung, Mürlenbach: Kynos-Verlag, 2007.

Gröhlich-Gildhoff Klaus: Verhaltensauffälligkeiten bei Kindern und Jugendlichen. Ursachen, Erscheinungsformen und Antworten, Stuttgart: Kohlhammer, 2007.

Hartmann B., Mutzeck W. & Fingerle M.: Die Prävalenz von Verhaltensauffälligkeiten. In Sonderpädagogik, 33 (4), 2003.

Hirschmann Elizabeth: Consumers and Their Animan Companions, in: The Journal of Consumer Research, Vol.20, No.4, 03/1993.

Hübsch Charlotte: Kinder- und Jugendhilfe mit Kuh, Katz & Co. Das Tier im Kontext erzieherischer Hilfen, Theoretische und konzeptionelle Überlegungen am Beispiel der Jugendhilfeeinrichtung Martin-Luther-Haus in Nürnberg. Diplomarbeit. Evangelische Fachhochschule Nürnberg, 2001.

IEMT Schweiz: Von der Bedeutung des Kontakts mit Tieren für die emotionale, soziale und kognitive Entwicklung von Kindern, in: Weissbuch, Ausgabe 1/2003.

IEMT Schweiz: Tiergestützte Therapie im Aufwind, in: Weissbruch Ausgabe 3/2007, S.1.

Kirchpfening Martina: Hunde in der Sozialen Arbeit mit Kindern und Jugendlichen, München: Ernst Reinhardt Verlag, 2014.

Körner Jürgen: Bruder Hund & Schwester Katze. Tierliebe-Die Sehnsucht des Menschen nach dem verlorenen Paradies, Köln: Kiepenheur & Witsch, 1996, S.121.

Krowatschek Dieter: Kinder brauchen Tiere. Wie Tiere die kindliche Entwicklung fördern, Düsseldorf: Patmos, 2007.

Levinson voris Mayer: Pet-oriented child psychotherapy, Springfield: Charles C Thomas Publisher, 1969.

McClelland M.M., Cameron C.E., Connor C. McD., Farris C. L., Jewkes A.M. & Morrison F. J.: Links between behavioral regulation and preschoolers' literacy, vocabulary, and math skills. Developmental Psychology, 43, 2007.

Msychker Norbert: Verhaltensstörungen bei Kindern und Jugendlichen. Erscheinungsformen, Ursachen, Hilfreiche Maßnahmen, Stuttgart: Kohlhammer, 1993.

Olbrich Erhard/Otterstedt Dr. Carola (Hrsg.): Menschen brauchen Tiere: Grundlagen und Praxis der tiergestützten Pädagogik und Therapie, Stuttgart: Franckh-Kosmos, 2003.

Otterstedt Dr. Carola; Tiere als therapeutische Begleiter. Gesundheit und Lebensfreude durch Tiere – eine praktische Anleitung, Stuttgart: Franckh-Kosmos, 2001.

Otterstedt Dr. Carola: Mensch und Tier im Dialog. Kommunikation und artgerechter Umgang mit Haus- und Nutztieren. Methoden der tiergestützten Arbeit und Therapie, Stuttgart: Franckh-Kosmos, 2007.

Parish-Plass: Animal-Assited Therapy with Children Suffering from Insecure Attachment Due to Abuse and Neglect.

Prothmann Anke: Verhaltensmuster psychisch auffälliger Kinder und Jugendlicher in der tiergestützten Therapie- eine Interaktionsanalyse, Aachen: Shaker, 2005.

Prothmann Anke: Tiergestützte Kinderpsychotherapie, Frankfurt am Main: Lang Peters, 2007.

Prothmann Anke.: Tiergestützte Kinderpsychotherapie. Theorie und Praxis der tiergestützten Psychotherapie bei Kindern und Jugendlichen., Frankfurt am Main: Internationaler Verlag der Wissenschaften, 2008.

Putsch Angelika: Spurwechsel mit Hund, Nerdlen/Daun: Kynos-Verlag, 2013.

Schmidt Annika: Examensarbeit: Tiergestützte Pädagogik als Chance für verhaltensauffällige Kinder, Nodersedt: Grin-Verlag, 2009.

Schmidt Annika: Examensarbeit: Tiergestützte Pädagogik als Chance für verhaltensauffällige Kinder, Norderstedt: Grin-Verlag, 2009.

Süddeutsche Zeitung, 7.6.2002.

Tröster H. & Reineke D.: Prävalenz von Verhaltens- und Entwicklungsauffälligkeiten im Kindergartenalter. Kindheit und Entwicklung 16 (3), Göttingen: Hogrefe Verlag, 2007.

Vernooij Monika A./Schneider Silke: Handbuch der Tiergestützten Intervention, Wibelsheim: Quelle & Meyer Verlag, 2008.

Watzlawick Paul/ Beavin Janet/ Jackson Don D.: Menschliche Kommunikation. Formen. Störungen. Paradoxien, Bern: Huber.

Quellen aus dem Internet

IEMT, URL: https://www.iemt.ch/mensch-und-tier/leben-mit-hund-katz-co. Abruf am 20.10.2020.

IEMT, URL: https://www.iemt.ch/mensch-und-tier/kinder-und-tiere, Abruf am 20.10.2020.

IEMT, URL.:https://www.iemt.ch/mensch-und-tier/tiere-als-helfer-fuer-behinderte, Abruf am 20.10.2020.

Kobra-Uni-Kassel, URL: https://kobra.uni-kassel.de/bitstream/handle/123456789/2018031354753/DissertationSabrinaNaber.pdf?sequence=3&isAllowed=y„ S.67-70, Abruf am 21.10.2020.

Mensch-Tier-Kongress, URL: http://www.mensch-tier-kongress.de/archiv/2007/Mensch-Tier-Kongress-2007.pdf, S.41, Abruf am 30.08.2009.

Möhrke Corinna: Diplomarbeit, in: URL: http://www.canepaedaogik.de/canepaedagogik.pdf, S.35.

Seifert Elisabeth.: Pro Klasse haben zwei bis drei Kinder Verhaltensauffälligkeiten. Kinder- und Jugendpsychiaterin Barbara Wendel analysiert ein gesellschaftliches Phänomen unter https://www.watson.ch/Schweiz/Interview/656423317-«Pro-Klasse-haben-zweibis-drei-Kinder-Verhaltensauffälligkeiten», 2017.

Tiergestützte Kinder und Jugendpsychotherapie, URL: https://www.tiergestuetzte-kjp-badharzburg.de/tiergest%C3%BCtzte-psychotherapie/bio-psycho-soziale-wirkung/#:~:text=Psychologische%20Stressreduktion%2C%20Beruhigung%20und%20Entspannung,Ablenkung%20von%20Angst%20machenden%20Stressoren., Abruf am 20.10.2020.